PARTNERING

JEAN OELWANG

Partnering

El valor de generar alianzas

EMPRESA ACTIVA

Argentina – Chile – Colombia – España
Estados Unidos – México – Perú – Uruguay

Título original: *Partnering: forge the deep connections that make great things happen / Jean Oelwang*
Editor original: Optimis Press, An Imprint of Penguin Random House LLC
Traducción: María Ubierna Quintanilla

1.ª edición Octubre 2023

Plaza de los Reyes Magos, 8, piso 1.º C y D – 28007 Madrid
   www.empresaactiva.com
   www.edicionesurano.com

ISBN: 978-84-16997-78-7
E-ISBN: 978-84-19497-54-3
Depósito legal: B-14.542-2023

Fotocomposición: Ediciones Urano, S.A.U.
Impreso por Romanyà Valls, S.A. – Verdaguer, 1
08786 Capellades (Barcelona)

Impreso en España – *Printed in Spain*

A la comunidad del ozono, cuyas profundas conexiones y valor moral salvaron a la humanidad.

A mis padres (Mary y Bob), mis suegros (Nancy y Jim) y mi marido (Chris) por su amor incondicional.

Este libro está repleto de la sabiduría colectiva de personas que han creado conexiones profundas y significativas que han cambiado sus vidas y las de muchos otros para mejor. Con gran agradecimiento a ellos por su honestidad, amor, risa y asombro. Ellos son los verdaderos autores de la sabiduría de este libro (aunque los errores son todos míos).

Este libro es una celebración de la cocreación. No existiría sin una cooperativa que creyó en la idea y que trabajó junto a mí durante años. Las menciones al «yo» en este libro son realmente el «nosotros» de este grupo. Doy gracias por su maravillosa colaboración a: Andrea Brenninkmeijer, Joann McPike, Ellie Kanner, Kelly Hallman, John Stares, Shannon Sedgwick Davis, Cindy Mercer, Todd Holcomb, Keith Yamashita, Mich Ahern y Lisa Weeks Valiant.

Índice

Prólogo de Simon Sinek

La visión es clara: construir un mundo en el que la gran mayoría de las personas se levanten cada mañana inspiradas, se sientan seguras dondequiera que estén y terminen el día satisfechas por el trabajo que realizan. Y la mejor manera de avanzar hacia esta visión es juntos. Pero hay un problema...

La mayoría de la gente ya conoce la importancia del trabajo en equipo, la cooperación y la creación de relaciones laborales sólidas para hacer las cosas (y se han escrito innumerables libros y artículos que hablan sobre el tema y nos enseñan las habilidades necesarias para hacer estas cosas). Pero hay otro tipo de relación que recibe menos atención. Un tipo de relación que es esencial para avanzar en cualquier causa de valor. Un tipo de relación que es mucho más fuerte que algunos de los equipos que mejor funcionan y que las relaciones laborales más productivas. La de la asociación (*partnership* en inglés).

Dudo incluso en llamar a estas uniones mágicas «asociaciones» porque la palabra hace un flaco favor a estas relaciones. Una asociación o *partnership* es un sustantivo, una cosa. Dos personas pueden ser socios o estar en una asociación, pero, para que una asociación obtenga los verdaderos beneficios de la dinámica, debe ser activa. Debe ser un verbo. Una práctica diaria. Para potenciar algo más grande que nosotros mismos, debemos aprender a asociarnos (*to partner*).

Partnering es una exploración de estos tipos de relaciones más profundas y duraderas. Muchas de ellas se parecen más a los matrimonios que a las relaciones profesionales (y algunas son matrimonios). Sin embargo, todas tienen en común la voluntad de ambas partes de abrirse completamente a su pareja y de invertir en la profundización de su relación. Por eso no solo duran, sino que funcionan.

A medida que la vida de Jean Oelwang avanzaba, fue conociendo y teniendo la oportunidad de trabajar con algunos de estos extraordinarios socios. Vio de primera mano la extraordinaria matemática que tiene lugar cuando estas asociaciones funcionan. No era el tan repetido 1 + 1 = 3; era más que eso. Era más bien 1 + 1 = millones. El poder de estas asociaciones inspiró a empresas, movimientos sociales, cambios radicales y a las innumerables personas que ayudaron.

Jean se sintió más que fascinada por estas relaciones únicas y por lo que las diferenciaba de otras asociaciones. Aprendió que había patrones discernibles entre todas estas asociaciones. Patrones que podíamos poner en práctica. En otras palabras, cada uno de nosotros tiene la capacidad de asociarse. Esto es muy importante. Y por eso le pedí a Jean que escribiera un libro para Optimism Press. Si más personas como nosotros aprendemos a asociarnos como las que aparecen en este libro, estaremos mejor equipados para afrontar grandes cosas y disfrutar de la profunda seguridad y confianza que nos da el saber que hay alguien a nuestro lado que nunca, nunca nos abandonará.

¡A asociarse!

SIMON SINEK

Introducción

¿El amor de quién te ha ayudado a crecer
como persona?

—Sr. Rogers

El 24 de octubre de 2006 me subí a un taxi junto con mi
jefe, Richard Branson, el fundador del Grupo Virgin, y una
amiga, Nicola Elliott. Nos dirigimos a Houghton, un fron-
doso y verde barrio a las afueras de Johannesburgo (Sudáfrica). Cada uno de nosotros agarraba con cuidado una
carpeta de tres anillas llena de cientos de páginas valiosas.
Cuando llegamos, salimos del coche y nos recibió la esposa
de Nelson Mandela, Graça Machel. Su combinación de
auténtica calidez, formidable sabiduría y radiante generosidad nos hizo sentir rápidamente que la conocíamos de
toda la vida. Fue ministra de educación de Mozambique,
luchó por la libertad y ahora se había convertido en una
feroz defensora internacional de las mujeres y los niños.

Nos instalamos en su sala de estar y Nelson Mandela
no tardó en unirse a nosotros, vestido con una de sus características camisas de seda con un detallado estampado
por fuera del pantalón. Su elevada estatura, su brillante

sonrisa y su rápido ingenio iluminaron inmediatamente la habitación con alegría y risas. Comenzamos a revisar las carpetas página por página. Estaban llenas de las ricas biografías de inspirados líderes mundiales, todos ellos candidatos potenciales a convertirse en uno de los doce Elders, una cooperativa creada por Graça y Mandela en colaboración con Richard y su íntimo amigo, el brillante músico Peter Gabriel, para trabajar en la resolución de conflictos y otros problemas aparentemente insolubles a los que se enfrenta la humanidad. Tuve la suerte (junto a un maravilloso grupo de socios) de trabajar con ellos para hacer realidad la idea.

Durante horas, alternamos risas y lágrimas mientras Mandela compartía una historia tras otra sobre personas como el arzobispo Tutu, el exsecretario general de la ONU Kofi Annan, el expresidente de Estados Unidos Jimmy Carter y la expresidenta de Irlanda Mary Robinson. El amor, el respeto y la profundidad de la conexión que tenía con cada uno de estos grandes líderes era evidente. Estas relaciones habían contribuido a que Mandela fuera quien era en este mundo y les habían dado a todos ellos un enorme apoyo para crear algo mucho más grande que ellos mismos.

Más allá de la energía contagiosa de Mandela, lo que llenaba la sala era el amor que Graça y Mandela se profesaban mutuamente, un recordatorio constante del poder de una relación profunda. Era un amor romántico, por supuesto, pero su relación iba mucho más allá. Los dos estaban tan profundamente conectados que se podía ver y sentir su vínculo incluso en sus interacciones más triviales. Cada uno de ellos se preocupaba por el bienestar del otro, se apresuraba a elogiarlo y lo animaba constantemente con una mirada tranquila, una sonrisa amable o el toque de una mano. El amor y el respeto que compartían irradiaban a todos los que estábamos en la sala. Nunca había sentido un grado tan alto de presencia amorosa, curiosidad y propósito.

Fue en ese momento, al escuchar a Graça y Mandela hablar de sus amigos, cuando me di cuenta de que el camino para vivir una vida plena es a través de las conexiones profundas que cultivamos entre nosotros. Estas conexiones profundas son relaciones de propósito que nos hacen ser quienes somos. Son las amistades duraderas que «te cubren las espaldas» y que encontramos en todos los aspectos de nuestra vida. Estas relaciones nos ayudan a convertirnos en la mejor versión de nosotros mismos y a multiplicar el impacto que tenemos en el mundo.

Esa observación desencadenó en una exploración, que duró quince años, de las conexiones profundas y su papel en la creación de iniciativas de colaboración, comenzando con The Elders, luego con The B Team, un grupo de líderes empresariales que trabajan para mejorar la forma de hacer negocios, y con una docena más de iniciativas que surgieron de mi trabajo con Virgin Unite, la rama benéfica del Grupo Virgin. A lo largo de los años que he pasado trabajando con muchos colaboradores legendarios, me ha quedado claro que ninguno de ellos logró sus legados de impacto por sí solo. Cada uno de ellos llegó a ser lo que es gracias a las relaciones significativas que construyeron en el camino.

Una vez que me acostumbré a las conexiones profundas, las vi en el corazón de cada iniciativa importante, cada innovación clave, cada vida bien vivida. He aprendido que la única manera de resolver los problemas más grandes y complicados de la humanidad es forjando relaciones significativas y utilizando esas relaciones como catalizadores para impulsar colaboraciones y movimientos sociales aún mayores: el arzobispo y Leah Tutu trabajando con un grupo de amigos para ayudar a derribar el apartheid en Sudáfrica; José María y Christiana Figueres, hermanos que han dedicado su vida a frenar el cambio climático, como demuestra el liderazgo colaborativo de Christiana en el Acuerdo de París, un acuerdo mundial para reducir las emisiones de gases de efecto invernadero, o socios comerciales como Ben Cohen y Jerry Greenfield, de Ben & Jerry's, que llevan mucho tiempo al frente del movimiento para cambiar los negocios a mejor.

Estos notables activistas e innovadores no dominan: colaboran, escuchan, y se animan unos a otros (y a muchos otros).

He llegado a la conclusión de que la conexión profunda no solo nos hace felices, sino que es fundamental para seguir existiendo. Dominar las habilidades relacionales es el primer paso para construir las colaboraciones necesarias para abordar nuestros retos más difíciles. Comprender las habilidades necesarias para construir conexiones profundas redefinirá tu forma de pensar sobre el liderazgo. No es fácil. A lo largo de mis años de investigación desde aquel día de octubre, he aprendido que estamos programados para dar prioridad a los logros individuales en vez de a las conexiones profundas y las relaciones que realmente marcan la diferencia.

También me he dado cuenta del profundo impacto que esa programación ha tenido en mi propia vida.

Casi veinte años antes de ese momento en Sudáfrica, acababa de salir de la universidad y empezaba a trabajar en una gran empresa de telecomunicaciones, a la que me habían enviado para una formación en liderazgo. Nerviosa y con un vaso de agua en la mano, empecé a hablar con uno de los ejecutivos más veteranos del evento. Con el éxito en mente, le pregunté qué había hecho para conseguir el suyo.

«Tienes que sangrar azul», respondió con naturalidad, señalando el color de la empresa. «Tienes que dar todo lo que tienes en el trabajo. Tienes que asegurarte de brillar por encima de los demás». Cuando sobreviví a la formación y empecé a trabajar, mi bienintencionado primer jefe me regaló dos libros. Un ejemplar de *El arte de la guerra*, un libro de estrategia militar de 2.500 años de antigüedad que los líderes empresariales han adoptado desde hace tiempo en busca de una ventaja sobre sus competidores. Mensaje recibido. Los negocios eran una batalla. Y también un ejemplar de *The Joy of Cooking*. Segundo mensaje recibido. La mayoría de las mujeres no sobreviven a la batalla.

Decidida a demostrar que podía ser una mujer líder de éxito sin recurrir a tácticas militares, me embarqué en un viaje para trabajar duro y romper todos los techos de cristal posibles. A lo largo de dos décadas de carrera, ayudé a crear y hacer crecer empresas de telefonía móvil en seis continentes antes de lanzar una fundación global, Virgin Unite. En mi vida personal fui una monógama en serie, cambiando de pareja cada vez que cambiaba de país, ocho países en veinte años. Las visitas fugaces a mis padres, encajadas de forma incómoda durante mis viajes casi constantes, siempre les dejaban la sensación de que un derviche había pasado momentáneamente por sus vidas. Los compañeros de trabajo se colocaban cuidadosamente en «cajas de trabajo» y las amistades se apretujaban en llamadas de taxi a todas horas desde todo el mundo. Sin embargo, a lo largo del camino creí que había construido relaciones significativas en todos los aspectos de mi vida, alimentando relaciones de amor verdadero. Pero la verdad es que la mayoría de mis relaciones de pareja se construyeron en momentos intermedios y fugaces. Estaban lejos de ser conexiones profundas y de por vida.

Cuando tuve la oportunidad de aprender de las grandes asociaciones que conoceremos en este libro, las cortinas del individualismo glorificado se descorrieron. Me di cuenta de que, en mi búsqueda del éxito, no había invertido adecuadamente en la parte más importante de la vida: construir relaciones significativas y duraderas que hagan del mundo un lugar mejor. Estas extraordinarias asociaciones me mostraron que no ganamos luchando por llegar a la cima de cualquier escalera que estemos subiendo. Ganamos alimentando conexiones profundas que logran mucho más de lo que cualquiera de nosotros podría hacer por sí solo.

Por supuesto, ¿quién podría culpar a cualquiera de nosotros por pensar de forma diferente? Desde pequeños nos empujan a competir, a ganar a toda costa. A medida que crecemos, se nos anima a construir una gran red de conexiones superficiales para ayudar a alcanzar la visión deformada del éxito que tiene la sociedad. Esta mentalidad nos desconecta de los demás y de una vida con sentido. A veces, incluso reprime a las organizaciones. Esto quedó claro en una encuesta de Gallup de 2021, según la cual el 64 % de las personas en Estados Unidos se sienten indiferentes en el trabajo, y el 80 % en todo el mundo. Curiosamente, el 36 % de los empleados de Estados Unidos que se sienten involucrados utilizan palabras como *cooperación, colaboración, relaciones cálidas, familia* y *trabajo en equipo* para describir sus empresas.

Creo que la glorificación del hiperindividualismo nos ha llevado a una crisis de soledad. Tememos la diferencia en lugar de celebrarla. Respondemos al liderazgo mediante la dominación en lugar de la cooperación. Olvidamos el civismo básico. Dar prioridad al individualismo perpetúa el racismo, el cambio climático y la desigualdad, ya que las personas se pierden tanto en sí mismas y en sus propios intereses que pierden repetidamente la oportunidad de lograr un bien común mayor. Un estudio realizado en 2020 por el Centro de Investigaciones Pew reveló que el 57 % de los estadounidenses piensa que la mayoría de las veces la gente se limita a mirar por sí misma, sin intentar ayudar a los demás.

«Cuando liberamos al individuo de la colectividad, fue el equivalente sociológico de dividir el átomo», explica el prestigioso antropólogo Wade Davis, «y de repente, al hacerlo, lanzamos al individuo a la deriva en un mundo que puede ser bastante solitario». La tecnología digital y la pérdida de espacios físicos de reunión de la comunidad han amplificado a menudo esta desconexión. Wade resume el impacto de estas nuevas normas sociales imaginando la vida en la Tierra vista a través de los ojos de un antropólogo marciano: «Si la medida del éxito fueran los logros tecnológicos, brillaríamos como un diamante», reconoce. «Pero si se fijaran en nuestras estructuras sociales, se harían unas cuantas preguntas obvias. "Oye, ya sabéis, decís que amáis el matrimonio, pero la mitad de vuestros matrimonios acaban en divorcio...", "Decís que queréis a vuestras familias, pero tenéis ese extraño eslogan, 24/7, que implica una dedicación total al trabajo..."».

Dedicamos mucho tiempo a trabajar, a encontrarnos a nosotros mismos, a mantenernos en forma y a ampliar nuestros contactos. Sin embargo, nos esforzamos muy poco en aumentar la profundidad de nuestras conexiones con las personas que significan más para nosotros. Damos por sentadas esas relaciones y vivimos bajo la idea equivocada de que, de alguna manera, solo nos necesitamos a nosotros para ser quienes somos. En realidad, son las personas de las que nos rodeamos las que nos hacen quienes somos.

El mundo necesita un reinicio de las relaciones.

Este reinicio comienza con la comprensión de cómo construir conexiones profundas en todos los aspectos de nuestra vida. Esos son los cimientos que permiten un impacto exponencial. Desde ese momento en el salón de Graça y Mandela, me ha consumido la pregunta que finalmente me llevó a escribir este libro: ¿Cómo encontrar, construir y cultivar relaciones significativas y duraderas que te ayuden a ser la mejor versión posible de ti mismo para tener el mayor impacto positivo en los demás?

Para responder a esta pregunta he recurrido directamente a la fuente: las asociaciones duraderas que marcaron una diferencia mucho mayor en el mundo juntas que la que podrían haber marcado por sí solas, empezando por algunos de The Elders. Mientras hablaba con cada uno de ellos les hice algunas preguntas cruciales: ¿Cómo se construye la confianza? ¿Qué ocurre cuando se rompe la confianza? ¿Cómo se puede discrepar sobre algo que es importante para uno sin destruir la relación? ¿Cómo se mantiene la relación a lo largo de los años?

Pronto descubrí patrones recurrentes. Aunque los socios procedían de entornos muy dispares y habían logrado impactos positivos en distintos ámbitos, había similitudes fundamentales en la forma en que se relacionaban entre sí y con el mundo exterior. Volví a ver estos patrones cuando analicé a fondo lo que había funcionado y lo que no en las más de doce colaboraciones que hemos incubado en los últimos quince años en Virgin Unite.

Con curiosidad, empecé a revestir las paredes de mi casa con fragmentos impresos de las entrevistas en un intento de ordenarlos de acuerdo con estos patrones emergentes. Las paredes no tardaron en ser insuficientes para la tarea, por lo que me volví más sistemática, codificando y organizando cientos de páginas de transcripciones, todo ello en un esfuerzo por centrarme en las notables similitudes que surgían de mundos muy diferentes. Me di cuenta de lo ingenuo que era pensar que unas pocas conversaciones desvelarían los secretos de relaciones profundas. Diez entrevistas se convirtieron en veinte, luego en treinta, después en sesenta... y sigo contando. Lo que salió a la superficie en el transcurso de toda esta investigación fue un elegante conjunto de principios, seis excelentes aspectos de la verdadera conexión que descubrí que eran consistentes en todos los tipos de relaciones que investigué: amigos y miembros de la familia, parejas románticas y socios de negocios. Esta investigación sobre la conexión humana dio lugar a Plus Wonder, una iniciativa sin ánimo de lucro centrada en inspirar a las personas a cultivar conexiones profundas que sean importantes en sus propias vidas y en las de los demás. Plus Wonder se ha convertido en muchas cosas bonitas, incluyendo, ahora, este libro.

En los últimos quince años he entrevistado a empresarios, amigos, hermanos, parejas sentimentales, activistas sociales, funcionarios públicos, líderes religiosos, líderes filantrópicos, periodistas, iconos culturales y pioneros digitales. Algunas de estas asociaciones son bien conocidas; otras, te encantará conocerlas por primera vez. Me he embarcado en un viaje con este gran grupo de socios para explorar cómo podemos conseguir un reinicio de relaciones, para nosotros mismos y para el mundo.

Cuanto más absorta estaba en los más de mil quinientos años de sabiduría colectiva de las asociaciones a las que entrevisté, más me daba cuenta de que no se trata simplemente de construir grandes relaciones en tu vida. Se trata de cambiar fundamentalmente la forma en que nos conectamos unos con otros. Cada una de las relaciones descritas en este libro tiene un puñado de conexiones profundas (incluso entre ellos) de toda la vida que han ayudado a multiplicar su impacto. Estas pocas relaciones estrechas sirven como «laboratorios de conexión» en los que los socios pueden practicar y evolucionar con seguridad los seis patrones de conexión. Los beneficios de dominar estos patrones se extienden a todas las personas con las que se conectan, incluso en sus relaciones más efímeras. He llamado a estos patrones interconectados los *seis grados de conexión*. Al practicar cada uno de ella o en tus relaciones más importantes, aumentas la profundidad que puedes alcanzar en todas tus relaciones.

Los capítulos siguientes profundizan en cada una de los seis grados a través de las historias profundas y sorprendentemente honestas de las más de sesenta asociaciones. Verás cómo se apoyan mutuamente en sus propósitos, cómo se mantienen unidos a largo plazo, cómo construyen vínculos inquebrantables y cómo gestionan los conflictos con elegancia.

A lo largo del libro, también exploro algunos de los mayores esfuerzos colectivos de nuestro tiempo y las conexiones profundas en el centro de estos logros: los ciudadanos que colaboraron para proteger la capa de ozono, y salvaron literalmente todas nuestras vidas, o los amigos que acabaron con el cruel régimen del apartheid en Sudáfrica y transformaron la vida de millones de personas, por ejemplo. Descubriremos los principios de diseño colaborativo que condujeron al éxito de estos y otros extraordinarios logros colectivos. Estas ideas nos ayudarán a responder a las amenazas existenciales a las que nos enfrentamos hoy en día.

Durante la mayor parte de mi vida, creí que construir relaciones significativas en el trabajo y en la vida se reducía a esperar que el universo me llevara hasta los socios adecuados. Los socios de este libro me abrieron los ojos a una oportunidad que nunca había visto. Tuvieron éxito juntos no gracias al destino o a la suerte, sino porque se esforzaron por invertir profundamente en el otro. Cada uno de ellos ayudó al otro a hacer algo mucho más grande en la vida de lo que podrían haber hecho solos. Instintivamente, cada uno de ellos llegó a comprender los seis patrones que constituyen el núcleo de este libro. La mayoría de nosotros nos pasamos la vida preguntándonos por qué nuestras relaciones más importantes nunca llegan a ser tan estrechas o significativas como esperábamos. Es trágico. Solo se nos enseña una pequeña parte de lo que se necesita para construir buenas relaciones.

El mundo se apagó por la pandemia de coronavirus en 2020, durante la realización de este libro. Durante ese difícil periodo, hubo algo que se echó de menos universalmente: la conexión humana. El aislamiento, el distanciamiento social y la cuarentena dejaron claro que todas las cosas brillantes que perseguimos son irrelevantes: poder, dinero, fama y bienes materiales. Pusimos en pausa nuestras vidas 24/7 y simplemente anhelamos estar con los demás. Mientras veíamos morir a nuestros seres queridos desde el otro lado de una ventana o en una llamada por Zoom, sin poder siquiera cogerles la mano, nos dimos cuenta de que las únicas cosas que realmente importan, la única medida verdadera del éxito, son las conexiones profundas que establecemos con las personas que nos importan.

Cuando le preguntaron a Warren Buffett sobre el éxito y el sentido de la vida, planteó una pregunta sencilla: «Las personas que te importan. ¿Te quieren?». Como alguien que ha alcanzado la cima de las ganancias financieras, se da cuenta de que la verdadera medida del éxito es la profundidad y el significado de nuestras relaciones. La importancia de medir el éxito de esta manera me quedó muy clara unos años después de mi primer encuentro con Graça y Mandela. Estábamos reunidos en un hotel de Johannesburgo para un almuerzo nada ordinario. La comida estuvo marcada por risas, amor y un intenso debate sobre el estado del mundo mientras The Elders celebraban el nonagésimo cumpleaños de Nelson Mandela.

Cuando Mandela se levantó para marcharse, miró por última vez alrededor de la mesa, con su amable y radiante sonrisa. Sería una de las últimas veces que The Elders estarían juntos con él antes de fallecer. Su sonrisa decía un millón de cosas sobre su gratitud a sus amigos y su comprensión de que su legado de cambio viviría a través de ellos. Mandela se giró entonces hacia su izquierda y deslizó suavemente su mano en la de Graça. Abandonaron la sala con elegancia. Al verlos marchar, el arzobispo Tutu, en un raro momento de intensa seriedad, dijo: «Vaya, qué prisioneros somos de la esperanza».

Mandela mantuvo la esperanza a pesar de lo impensable, convirtiéndose en uno de los líderes más exitosos de nuestro tiempo, en gran parte porque se rodeó de grandeza, de personas cuyo amor y compromiso común con el fin del apartheid y con un mundo mejor lo animaron a él y a tantos otros.

Al observar a las personas que se encontraban alrededor de la mesa del almuerzo, vi a antiguos presidentes, formidables activistas de los derechos humanos, líderes empresariales y artistas, y me di cuenta de que todos ellos compartían lo que hizo que Mandela tuviera tanto éxito. Habían forjado alianzas duraderas con significado que les ayudaron a cambiar el mundo para mejor.

Eran quienes eran debido a sus conexiones profundas.

Unos años después de aquel almuerzo, Mary Robinson, expresidenta de Irlanda y ahora presidenta de The Elders, lo resumió de forma hermosa en un homenaje a Mandela en su funeral: «La mejor forma de honrarle es dándonos a los demás».

En aquel primer encuentro con Graça y Mandela, pensé que tal vez el ámbito de las conexiones significativas estaba fuera de mi alcance, reservado a líderes como The Elders. Lo que he aprendido en este viaje es que es todo lo contrario. Cualquiera de nosotros puede establecer relaciones profundas, duraderas y provechosas en su vida. Sin embargo, como todo lo que tiene sentido, es un trabajo duro. Nadie establece, mantiene y hace crecer las relaciones a la perfección.

Puede que hayas oído el proverbio: «Si quieres ir rápido, ve solo; si quieres llegar lejos, ve acompañado». Pero lo que me ha quedado claro a través de estas entrevistas es que la única manera de ir *rápido y lejos* es *juntos*. Lo que falta es el *cómo*. No se trata de juntar a un grupo de personas y esperar lo mejor. Se trata de crear conexiones profundas que sirvan de andamiaje para colaboraciones a mayor escala.

Las raíces de las conexiones profundas no son complicadas. Pero son intensas y van en contra de la formación de la sociedad. Por eso he escrito *Partnering*, para ayudar a los lectores de todo el mundo a entender los seis principios que transformarán todas sus relaciones más significativas. No se trata de un esfuerzo riguroso y científico, sino de una exploración en profundidad que nace de la creencia de que el mundo necesita estos principios, ahora más que nunca. Mi trabajo con estos socios ha consistido en canalizar y sintetizar su sabiduría colectiva. Me siento increíblemente honrada por haber sido acogida en sus vidas interiores.

Espero que la sabiduría que compartieron conmigo afecte a tu vida tan profundamente como lo ha hecho con la mía.

1
Seis grados de conexión

La vida gira en torno a las buenas relaciones.
Toda la vida.

—Lord Hastings de Scarisbrick OIB

El 28 de junio de 2015, André Borschberg y Bertrand
Piccard tuvieron que tomar la decisión más difícil de sus
vidas.

André estaba solo en la apretada cabina de un avión
llamado Solar Impulse, construido para dar la vuelta al
mundo utilizando únicamente la energía solar recogida en
sus diecisiete mil paneles solares. Sobre los controles había
una foto de su amada esposa, Yasemin, y sus tres hijos.
André llevaba solo unas horas de un peligroso vuelo de
cinco días sobre el Pacífico, desde Nagoya (Japón) hasta
Hawái. Bertrand estaba en el centro de control de Mónaco
con su equipo de ingenieros y científicos de categoría
mundial, supervisando todos los aspectos de la meteorolo-
gía, la salud del piloto y la seguridad del avión.

Aunque el Solar Impulse era una maravilla tecnológica, tenía un armazón ligero, como los huesos de un pája-

ro, y una potencia solo un poco mayor que la del primer avión de los hermanos Wright. Había poco margen de error. Un error sería el fin del avión y, probablemente, el fin de André.

André, empresario, piloto de caza e ingeniero, y Bertrand psiquiatra, explorador y aviador, habían dedicado los últimos doce años de sus vidas al objetivo común de mostrar al mundo las posibilidades de las energías renovables dando la vuelta al mundo en este avión impulsado únicamente por energía solar. Cuando se conocieron en 2003, se unieron por su amor a la aventura y su compromiso con las energías limpias. Ahora los dos amigos se turnan para pilotar cada una de las doce etapas del vuelo, con André a los mandos de este tramo especialmente largo y difícil hasta Hawái.

De repente, André oyó el pitido del sistema de alerta de emergencia. Algo iba mal.

El equipo se reunió rápidamente en el centro de control para investigar. Al identificar una avería eléctrica, recomendaron encarecidamente a André que diera la vuelta al avión y regresara a Japón en lugar de arriesgarse a realizar un vuelo de cinco días. Sabían que, más allá de los riesgos técnicos, André ya iba a superar los límites de la resistencia humana durmiendo en intervalos de veinte minutos, es decir, unas tres horas al día. Los constantes pitidos de emergencia pondrían en peligro incluso eso.

Después de un mes atascado en China, una parada inesperada en Japón debido al clima y dos intentos anteriores de cruzar el Pacífico frustrados por las tormentas, André y Bertrand estaban preocupados. Sabían que dar la vuelta ahora probablemente significaría el fin de su objetivo común de ayudar a impulsar el mundo hacia la energía solar.

Los dos amigos se pusieron al teléfono por satélite y repasaron todos los riesgos potenciales. La confianza y el respeto que se tenían mutuamente, construidos a lo largo de años de trabajo en común, y su creencia en la calidad del avión que había sido construido con cariño por su equipo, les había preparado para este difícil momento. Hablaron tranquilamente de los riesgos en un espacio seguro, sabiendo que se cubrían las espaldas mutuamente.

A pesar de la calma de Bertrand y André, la tensión del resto del equipo en la sala de control era palpable mientras esperaban el resultado.

Bertrand colgó el teléfono y anunció su decisión: «Vamos. Crucemos el Pacífico».

Cinco días después, André aterrizó con éxito en Hawái. El suyo fue el primer vuelo solar que realizó la travesía del Pacífico y el vuelo en solitario más largo de la historia de la humanidad.

Sin embargo, aún les quedaban 14.106 kilómetros por recorrer y muchos más retos que afrontar. Siguieron turnándose para pilotar el avión durante el siguiente año para completar su objetivo mundial. El 26 de julio de 2016, Bertrand completó el último tramo y aterrizó en Abu Dabi, donde abrió la cabina del avión y abrazó a André. Estaban en la misma pista en la que, dieciséis meses antes, Bertrand le había despedido al inicio de su viaje con las palabras: «Que tengas un buen vuelo, André, mi amigo, mi hermano solar».

A lo largo de doce años, han soportado juntos un reto tras otro. Ninguno de los dos podría haberlo hecho solo, como admite sin ningún reparo cada uno de ellos.

No es que la construcción de su relación no haya sido un trabajo duro en sí mismo. Tuvieron que aprender a compartir el mérito, a convertir los desacuerdos en lo que ellos llamaban «chispas» de aprendizaje de algo nuevo (ver el capítulo seis) y a trabajar juntos durante largos periodos en situaciones de alto riesgo.

Este duro trabajo ha dado sus frutos, no solo en el éxito de Solar Impulse y la promoción de las energías renovables, sino también en una relación significativa y profunda que ha cambiado a ambos para mejor.

Las historias de este libro (el primer vuelo solar que circunnavega la Tierra, cerrar el agujero de ozono, la creación de empresas como Airbnb y Ben & Jerry's o las relaciones para toda la vida) tienen algo importante en común: un marco de referencia claro para establecer relaciones significativas con los demás. Este marco, al que he llamado «los seis grados de conexión», es el resultado de quince años de investigación, codificación y síntesis de cientos de páginas de entrevistas para capturar más de mil quinientos años de sabiduría y experiencia colectiva de más de sesenta asociaciones y colaboraciones exitosas.

He aquí una rápida visión general del marco que se desarrollará a través de las historias de asociaciones de este libro:

- **Primer grado:** Algo más grande. Eleva tu propósito a través de relaciones significativas. Profundiza tu conexión formando parte de algo más grande.

- **Segundo grado:** Darlo todo. Siéntete seguro en la relación y convéncete de que os cubrís las espaldas al cien por cien a largo plazo. Esto te da la libertad y confianza para hacer algo más grande.

- **Tercer grado:** El ecosistema. Mantén un ecosistema moral vivo con la práctica diaria de seis virtudes esenciales: confianza duradera, respeto mutuo inquebrantable, creencia compartida, humildad compartida, promover la generosidad y empatía compasiva. Con el tiempo, estas virtudes se convierten en respuestas reflexivas, creando un entorno de amabilidad, gracia y amor incondicional.

- **Cuarto grado:** Momentos magnéticos. Mantente conectado y fortalece tu ecosistema a través de prácticas, rituales y tradiciones intencionales que mantengan viva la curiosidad y el asombro, creen un espacio para la comunicación honesta, provoquen una alegría ilimitada y construyan una comunidad de apoyo más amplia.

- **Quinto grado:** Celebrar las fricciones. Baja la tensión del conflicto y conviértelo en una oportunidad de aprendizaje. Enciende las chispas de la combustión creativa para encontrar soluciones compartidas y una mayor conexión, permaneciendo todo el tiempo centrado en algo más grande.

- **Sexto grado:** Conexiones colectivas. Un marco de principios de diseño para escalar colaboraciones, con conexiones profundas en el centro como ejemplos, centros de impulso y el tejido conectivo.

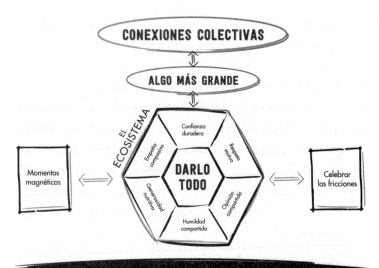

MARCO DE LOS SEIS GRADOS DE CONEXIÓN PARA CONEXIONES PROFUNDAS

Los seis grados están interconectados, por lo que dominar uno de ellos te ayudará a dominar los demás y a profundizar en tus relaciones. Sin embargo, si se domina uno y se ignora otro, se pone en peligro la relación. Por supuesto, incluso con este marco, todos cometeremos errores: ninguna relación es perfecta. La clave está en tener la perspicacia para corregir el rumbo y el coraje para aceptar los errores del otro.

Las relaciones que aparecen en este libro no son propias de los cuentos de hadas. Son desordenadas y complicadas, y tienen sus propios desacuerdos y dolores. Han requerido paciencia, aceptación, confianza y trabajo duro. Sin embargo, la perseverancia consciente ha merecido la pena, porque las personas que forman parte de estas asociaciones que cambian la vida y el mundo han aprendido a celebrar con gracia sus diferencias y a superar los conflictos, en gran parte porque sus relaciones están firmemente ancladas en un propósito significativo.

Cuando entrevisté al presidente Carter y a su esposa, me contaron tranquilamente lo cerca que habían estado de divorciarse (ni siquiera pudieron utilizar esa palabra durante nuestra conversación, por respeto al otro), irónicamente cuando estaban escribiendo un libro sobre cómo compartir el resto de sus vidas juntos. Una de las partes más bonitas de esta entrevista fue ver a los Carter hablar con amor y honestidad de este doloroso periodo en su matrimonio de siete décadas. Han hecho frente a los momentos difíciles y han mantenido su vínculo fuerte, como verás en el tercer capítulo.

Este libro está repleto de ideas de personas profundamente conectadas, como los Carter, pero no se trata de identificar a la pareja perfecta mediante una lista de atributos o algoritmos cuidadosamente elaborados, ni de encontrar la solución milagrosa para las relaciones. Sin embargo, ofrece profundas ideas prácticas y personales de algunas de las mejores y más duraderas combinaciones del mundo.

Básicamente, el objetivo es ayudarte a construir conexiones profundas en todos los aspectos de tu vida. Estas son las relaciones que definen quién eres y multiplican tu impacto positivo en el mundo.

Sé que adoptar, interiorizar y practicar algunos de los comportamientos compartidos en el marco de los seis grados de conexión no será fácil. Hacer el cambio a una mentalidad colaborativa es como dejar un equipo olímpico como gimnasta solista establecido y unirse a una tropa de acróbatas de la cuerda floja que deben confiar sus vidas a los demás.

De entrada, quiero compartir algunos de los errores más comunes que la gente comete cuando trata de cultivar relaciones más profundas.

Los obstáculos

No existe una relación perfecta y de cuento de hadas en la que nada sale mal. Debemos empezar por olvidar mucho de lo que nos han contado. Desde la infancia, se nos enseña a buscar a nuestro príncipe o princesa azul, a nuestra media naranja, para poder vivir felices para siempre. En el colegio se nos anima a buscar amigos que se nos parezcan y actúen como nosotros, que nos entretengan, que nos sigan en las redes sociales y que nos hagan sentir parte del grupo de moda. En el trabajo nos enseñan a buscar a las personas y empresas con las mejores ideas, los mejores productos, el mejor sistema de remuneración, es decir, los próximos unicornios. Se dedica muy poca energía a enseñarnos a encontrar y construir relaciones diversas en todos los aspectos de nuestra vida, con aquellos que son diferentes a nosotros y que nos desafiarán a ser mejores personas, que nos apoyarán y a los que apoyaremos a cambio, en nuestro camino hacia la consecución de un objetivo mayor.

A medida que invertimos en relaciones más profundas, también tenemos que vigilar lo opuesto a las conexiones profundas: las relaciones que nos arrastran y nos alejan de nuestro objetivo en la vida. Ten cuidado con las personas que te hacen perder la confianza, que ponen sus propios intereses por encima de todo, que erosionan tu capacidad de confiar en los demás, que aplastan tus sueños y que avivan tus miedos. Todos hemos estado atrapados en las arenas movedizas de las relaciones negativas que nos restan el precioso tiempo que tenemos en este mundo para marcar la diferencia en los demás.

Basándome en las ideas de los asesores empresariales, psicólogos y otros expertos en relaciones, he identificado los siguientes cinco obstáculos que nos impiden crear conexiones profundas. No es de extrañar que estén relacionados con los seis grados de conexión:

1. **Falta de significado compartido:** lo que más hace descarrilar las relaciones es la incapacidad de encontrar un significado compartido.

2. **Desequilibrio en el compromiso:** cuando uno de los miembros de la pareja parece estar ausente de la relación, o alguien siente que está dedicando más tiempo y energía que el otro, la conexión se resiente.

3. **Valores distintos:** la falta de valores compartidos puede acabar con una relación antes de que empiece realmente.

4. **Una montaña rusa de conflictos:** no hay nada que reste más energía positiva a una relación que un drama constante.

5. **Síndrome del superhéroe:** estamos tan programados para ser líderes individuales que los demás a menudo se limitan a comprobar si sienten que no estamos con ellos. Con ese pensamiento llega un cambio en el compromiso, una falta de responsabilidad y el fin de cualquier intento de colaboración.

No hay una respuesta perfecta para saber dónde puedes encontrar conexiones significativas. La buena noticia es que las oportunidades existen en todas partes, pero solo si nos tomamos el tiempo de ir más despacio, conectar y estar presentes cuando conocemos a gente nueva. Muchas de las asociaciones que aparecen en este libro se conocieron al azar: en el colegio, en el trabajo, en una cita a ciegas, en una clase de poesía, en una galería de arte, en un juzgado, en la selva africana, en sus propias familias y, si se es tan afortunado como el presidente y la Sra. Carter, como vecinos de toda la vida.

Lo importante es invertir cuidadosamente el tiempo en identificar y alimentar un grupo diverso de conexiones profundas y profundizar en esas relaciones importantes. Richard Reed, cofundador de Innocent Drinks, del que aprenderás más en el capítulo cinco, dice: «La decisión más importante que vas a tomar es con quién eliges pasar tu vida, personal o profesional. No somos otra cosa que la suma de nuestras relaciones. Así que elige sabiamente».

Las conexiones profundas también te ayudan a definir tu propósito. Te mantienen en el camino cuando las cosas se ponen difíciles y, a su vez, crean relaciones mucho más resistentes y significativas. Mientras que el propósito y las asociaciones se refuerzan mutuamente, a menudo tienen el beneficio añadido de derribar las barreras defectuosas que ponemos entre el trabajo y la vida. Como me dijo Beverly Joubert, cofundadora de Big Cats Initiative: «Cuando encuentras tu pasión principal, se convierte en parte de tu vida, no en un "trabajo" que te separa del resto de la vida».

Hemos creado el falso mito de que el trabajo y las relaciones personales deben mantenerse separados. Cuando uno da un paso atrás y reflexiona sobre esta idea, no tiene ningún sentido. Pasamos más del 33 % de nuestras vidas en el trabajo; si no invertimos en conexiones profundas que puedan aportar un mayor significado a un tercio de nuestra vida y más, estamos perdiendo una gran oportunidad.

Cuando aplicamos las mismas habilidades que utilizamos para construir amistades a un entorno laboral, nuestras conexiones en el trabajo pasan de ser transaccionales y orientadas a objetivos a tener una verdadera profundidad y propósito. Es decir, estas conexiones profundas crearán también mejores negocios. Richard Reed comenzó su negocio con sus tres mejores amigos y, dieciocho años después, siguen siendo mejores amigos. Sin embargo, todavía le preguntan si es raro hacer negocios con sus amigos. Él siempre responde: «¿No es raro no hacer negocios con tus amigos?».

La creación de conexiones profundas aumenta la oportunidad de pensar de forma diversa y de adoptar enfoques más sólidos ante cualquier reto que decidamos afrontar. Por supuesto, no hay un número, forma o tamaño determinado de conexiones profundas. La amplitud de las colaboraciones que he estudiado me ha demostrado que las habilidades para construir una relación sólida son constantes, ya sea en una amistad, una asociación comercial o una pareja romántica (o, en algunos casos, las tres cosas en una).

Algunas personas tienen una conexión profunda, mientras que otras tienen un montón; el número no es importante, la profundidad sí. También existe un continuo de profundidad en las relaciones: en un extremo están tus conexiones más profundas y, en el extremo opuesto, aquellas con las que podrías tener una relación fugaz. Cultivar tus conexiones profundas te ayudará a que todas tus relaciones sean lo más significativas posible, abordando cada interacción con confianza, respeto y curiosidad como algo natural.

Nuestras conexiones profundas nos aportan significado, amor y amistades que nos respaldan, una oportunidad para convertirnos en la mejor versión posible de nosotros mismos y crear un impacto positivo significativo.

También son la clave de muchas de las colaboraciones que han cambiado la forma de nuestro mundo para mejor.

2

Algo más grande

Primer grado de conexión

No existen los superhéroes; ningún individuo
es lo suficientemente fuerte por sí solo.

—Jim Roth, cofundador de LeapFrog Investments

El profesor Frank Sherwood Rowland entró por la puerta principal. Su mujer, Joan, aún recuerda cómo le respondió cuando le preguntó cómo le había ido el trabajo. «Va muy bien», le dijo. «El único problema es que creo que es el fin del mundo».

El profesor Rowland inició el programa de química en la Universidad de California en Irvine (UCI) en 1964. Estaba formando una familia y profundamente enamorado de Joan. Con 1,95 metros de altura, había jugado al baloncesto en la Universidad de Ohio. Gracias a su humor y afabilidad se había ganado el apodo de «Sherry». Era muy admirado por los estudiantes de química que acudían a la UCI para trabajar con él. Uno de esos estudiantes fue Mario Molina, de Ciudad de México, que se incorporó al programa posdoctoral de

Sherry en 1973 y con quien Sherry descubriría lo que, efectivamente, parecía el fin del mundo.

Nunca tuve la oportunidad de conocer a Sherry, pero tuve la suerte de tener una entrevista en vídeo con Mario desde su casa en México unos meses antes de que muriera en 2020. Amable y de voz suave, Mario sentía un evidente y desbordante afecto y un profundo respeto por Sherry. Era un científico académico entregado con una gran capacidad de precisión. En contraste con el comportamiento tranquilo de Mario, Sherry, aunque algo tímido, estaba muy seguro de sí mismo, lo que se correspondía con su estatura. Sin embargo, a pesar de sus diferentes disposiciones, sus futuros pronto se entrelazarían de una manera que nadie podría haber imaginado. «Teníamos personalidades muy diferentes, pero nos hicimos muy amigos», me dijo Mario.

Cuando llegó al departamento de química de la UCI, Mario buscaba un reto y, junto con Sherry, decidió que se centraría en la química atmosférica, abordando la cuestión de lo que ocurre con los clorofluorocarbonos en el medio ambiente. Los clorofluorocarbonos, o CFC, se encontraban en todo tipo de aparatos, desde frigoríficos hasta pesticidas, pasando por aires acondicionados, desodorantes y lacas para el pelo. El interés de Sherry por los CFC se despertó cuando conoció el trabajo del químico británico James Lovelock, el primero en llegar a la conclusión de que los CFC permanecían en la atmósfera, vagando por el planeta, durante mucho más tiempo del que se había imaginado.

Sospechando que podría haber algo más detrás de esa historia, Mario pasó meses estudiando los datos publicados, haciendo cálculos y consultando con Sherry. Al poco tiempo, los dos científicos sabían que tenían algo, pero lo que descubrieron era casi demasiado difícil de creer: los CFC eran transportados por las corrientes de viento a la estratosfera, donde rompían catalíticamente la capa de ozono protectora de la Tierra. Sin este escudo invisible en su sitio, la fuerza destructiva de la radiación ultravioleta del sol provocaría un aumento significativo del cáncer de piel y cataratas, comprometería el sistema inmunológico humano, destruiría los ecosistemas y causaría estragos en la agricultura. «Mi primera reacción fue que debía haber un error», me dijo Mario. No se podía creer que los CFC pudieran ser la fuente de un daño tan catastrófico. En cuanto a los avances científicos, este era enorme. Estaba en juego nada más y nada menos que el futuro de la humanidad y de la vida en la Tierra.

Sherry y Mario habían encontrado su «algo más grande» compartido, era tan importante que sentían la necesidad urgente de dar la alarma. En 1974, publicaron su primer artículo sobre los CFC en la revista científica *Nature*. En ese artículo planteaban la hipótesis de que los CFC permanecen en la atmósfera entre 40 y 150 años. Advirtieron que cuando los CFC llegan a la estratosfera, la radiación ultravioleta del sol hace que se descompongan y liberen cloro, lo que a su vez provoca una reacción en cadena que destruye la capa de ozono a un ritmo alarmante. Esperaban que el artículo de la revista incitara al mundo a movilizarse inmediatamente para salvar a la humanidad.

En cambio, casi nadie quiso creerles.

Mientras que la mayoría de los científicos habrían publicado sus resultados y dado un paso atrás, Sherry y Mario se dieron cuenta de que era demasiado lo que estaba en juego. No podían permanecer en silencio, por lo que tomaron el camino opuesto: empezaron a utilizar sus datos científicos para movilizar a los políticos, a los líderes empresariales, a los medios de comunicación y al público para que actuaran. Como era de esperar, fueron atacados por las empresas que se beneficiaban de la multimillonaria industria de los CFC. Los ejecutivos descartaron los hallazgos de Sherry y Mario y los acusaron de buscar publicidad. Lo que no esperaban era el ataque de sus colegas científicos, quienes consideraban impropio que los científicos académicos se posicionaran y abogaran por el cambio.

Pero no se desanimaron. «¿De qué sirve haber desarrollado una ciencia lo suficientemente buena como para hacer predicciones si, al final, lo único que estamos dispuestos a hacer es quedarnos parados y esperar a que se cumplan?», le dijo Sherry a un periodista del *Newsday*. Como científicos, Sherry y Mario estaban unidos por su descubrimiento conjunto. Como seres humanos, habían encontrado una conexión profunda y duradera entre ellos y con un objetivo mayor: alertar al mundo del peligro de los CFC para salvar a la humanidad y al planeta.

Más grande que nosotros

A menudo he confundido el propósito con un esfuerzo en solitario, pero las cosas más significativas suceden cuando las personas se unen, como pequeños arroyos que se funden en un poderoso río. A veces, esto puede conducir a algo más grande para el mundo, como ocurrió con Mario y Sherry, dos científicos que compartieron algo más grande que salvó a la humanidad.

El propósito se multiplica a través de nuestras relaciones y profundiza nuestras conexiones, pero solo si somos capaces de dejar de preguntarnos qué podemos obtener de nuestras relaciones y empezamos a preguntarnos qué podemos dar al mundo a través de ellas. Al hacerlo, los individuos se convierten en algo más grande juntos, ya sea un objetivo personal, uno compartido o un poco de ambos.

Cuando empecé a entrevistar a los socios para este libro, sabía que tenían un sesgo hacia el impacto positivo. Al fin y al cabo, los había seleccionado porque sus relaciones les habían permitido marcar una diferencia mayor en el mundo de la que habrían podido lograr por sí solos. Así que no me sorprendió que el propósito apareciera en las entrevistas; lo que me sorprendió fue que no solo apareciera, sino que las *dominara*.

La gente utiliza un lenguaje diferente para describir el propósito: «un audaz objetivo», «una meta», «un camino». Pero, una y otra vez, les oía decir que querían algo más grande, un resultado que iba más allá de ellos mismos, de sus relaciones y de sus organizaciones.

Cuando empecé a desgranar las capas de «algo más grande», quedó claro que el propósito era también un factor central en la longevidad y la profundidad de las relaciones de los entrevistados. Sus experiencias muestran cómo los objetivos que son más grandes que los miembros individuales de una asociación amplían el enfoque más allá de los conflictos superficiales y entran en el reino de la conexión profunda. El deseo de alcanzar el éxito colectivo ayuda a las relaciones a superar los inevitables altibajos. A su vez, las personas de estas relaciones sólidas y duraderas pueden potenciar su impacto compartido o individual responsabilizándose y apoyándose mutuamente.

Como verás en las historias de estas relaciones, «algo más grande» actúa como base de una relación exitosa y duradera, y de una vida significativa para ti y para los demás. Estas historias también nos ayudan a comprender que no se trata de un objetivo final estancado y perfectamente empaquetado, sino de una evolución continua que toma forma con el tiempo y que tus compañeros pueden ayudarte a descubrir y ajustar. Tampoco tiene por qué cambiar el mundo. Cada persona tiene que encontrar el camino que le dé sentido y que aproveche sus dones únicos.

Un propósito común imparable

Durante décadas, el despiadado sistema de apartheid del gobierno sudafricano controló a la mayoría negra del país mediante una legislación racista que institucionalizaba las políticas de supremacía blanca. Los negros tenían que llevar una cartilla en todo momento, no tenían acceso a una educación de calidad, solo podían vivir en determinadas zonas y no se les permitía casarse con blancos. La segregación se extendía a todos los aspectos de la vida. Estas crueles políticas, y muchas más, explotaban a los negros y los mantenían en el trauma y la pobreza.

En octubre de 1963, el proceso de Rivonia comenzó como un intento de condenar y encarcelar a los principales líderes del movimiento antiapartheid, incluido Nelson Mandela. El gobierno quería reprimir el creciente movimiento mundial y acallar sus voces más fuertes, pero al final ocurrió lo contrario. Durante el juicio, Mandela pronunció un conmovedor discurso de tres horas sobre su compromiso con una sociedad libre, que terminó con las siguientes palabras: «Si es necesario, es un ideal por el que estoy dispuesto a morir».

A principios de la década de 1990, una fuerza colectiva mundial puso fin al brutal régimen. En el centro de esta fuerza se encontraba un grupo de amigos que habían forjado conexiones profundas inquebrantables a lo largo de décadas de atrocidades y pérdidas. Este grupo incluía a líderes como Walter Sisulu, Albertina Sisulu, Oliver Tambo, Ahmed Kathrada, Nelson Mandela, el arzobispo Tutu, Leah Tutu y muchos otros. Inspiraron una red distribuida de movimientos de resistencia que formaron una fuerza nacional y mundial creciente, dirigida por estudiantes, sindicatos, grupos religiosos y muchas cooperativas más diversas. Se convirtió en uno de los mejores ejemplos que ha visto el mundo de un colectivo de conexiones que compartían un propósito común: acabar con el apartheid.

Poco después de la muerte de Nelson Mandela en diciembre de 2013, fui testigo del amor y la fuerza duraderos de su núcleo de amigos cuando asistí a una celebración de la vida de Mandela, organizada por la Fundación Nelson Mandela en Sudáfrica. Cientos de personas se agruparon en una pequeña carpa y, a pesar de la lluvia torrencial que caía sobre nuestras cabezas y empapaba la hierba bajo nuestros pies, hubo una explosión de alegría en la multitud. Uno tras otro, los restantes héroes antiapartheid, ahora la mayoría de ellos de 70, 80 y 90 años, subieron al escenario para presentar sus respetos y rendir homenaje a un hombre extraordinario.

Cuando bajaron del escenario y se abrazaron, estaban rebosantes de amor el uno por el otro. Me dirigí a uno de sus familiares, que estaba sentado a mi lado, y le pregunté cómo estos héroes podían seguir siendo tan positivos y estar tan unidos después de todo el dolor que les infligió el régimen del apartheid. La mujer no dudó. «Tenían dos cosas que les permitieron derribar el apartheid», dijo. «Y ambas cosas los mantuvieron unidos de por vida. Una era un propósito claro. Y la otra era un profundo respeto y amor mutuo. Cualquiera de ellos podría haber interpretado el papel de Mandela, pero en su lugar, cada uno de ellos desempeñó el papel que el grupo en general necesitaba que desempeñaran».

El arzobispo Tutu fue uno de los héroes, un miembro de ese grupo de amigos, que subió al tambaleante y resbaladizo escenario esa noche, con su larga túnica púrpura, para compartir un homenaje. Como de costumbre, el arzobispo conmovió a la sala hasta las lágrimas con su combinación de humor y ardiente compasión.

Los logros del arzobispo Tutu son merecidamente bien conocidos: luchó una y otra vez contra la tiranía del apartheid y dirigió la desgarradora y valiente Comisión para la Verdad y la Reconciliación. De lo que no hemos oído hablar lo suficiente es de la profunda conexión que lo mantuvo en pie a lo largo de todo ello, la fuerza de la naturaleza que fue su apoyo cuando flaqueó, su compañera en la vida y en la caída del apartheid: la maravillosa Leah Tutu. En julio de 2021, celebraron su sexagésimo sexto aniversario de boda y toda una vida animándose el uno al otro.

Desde el momento en que me senté para entrevistar a los Tutu, estuvieron bromeando, riendo y burlándose el uno del otro. La sala estaba abarrotada y había mucho ruido, pero todo quedó en un segundo plano. El amor entre estos dos grandes seres humanos era maravilloso mientras hablaban de cómo se conocieron, de cómo sufrieron juntos bajo el cruel régimen y de cómo su amor les hizo seguir adelante.

De repente, el arzobispo Tutu se quedó callado. Se volvió hacia Leah y le dijo: «En una ocasión, uno de los ministros del gobierno del apartheid dijo: "El problema de Desmond Tutu es que habla demasiado", así que cuando llegué a casa ese día, le dije a Leah: "¿Quieres que me calle o qué? ¿Crees que hablo demasiado?" Me dijo que prefería que estuviera prisionero y feliz en Robben Island que libre y callado fuera».

Luego pasó a hablar de cómo no le importaba realmente quiénes lo respetaban. Lo único que le importaba era lo que Leah pensaba de él. «Es decir, puede que haga un discurso y reciba una ovación, no sé por qué», dijo, «pero hasta que Leah no diga: "Oh, eso no ha estado tan mal", estoy de los nervios».

Entonces ambos estallaron en risas.

Leah y Arch, como le llaman muchos de los que lo conocen, pudieron seguir luchando durante los años del apartheid gracias a su profunda conexión. Cuando uno se hundía, el otro lo levantaba. Juntos eran, y siguen siendo, una fuerza de amor incondicional, alegría y compasión.

Son los primeros en admitir que su relación es un trabajo constante en elaboración y que el romance no es automático. Se reafirman constantemente con palabras amables, pequeños regalos y «tratándose con amabilidad». También protegen ferozmente su tiempo juntos. Cuando se casaron, una cita consistía en salir y compartir una taza de café. Luego se podían permitir dos tazas de café, y después pasaron a comer pescado y patatas fritas. Durante uno de sus muchos ataques de risa, compartieron que les encantaba alegrarse el uno al otro, pero que a veces no daban en el clavo. Entonces acaban decepcionándose mutuamente y tienen que acordarse de convertirlo en un «punto de crecimiento».

Han creado una reciprocidad a lo largo de sesenta y seis años en los que sus vidas han pasado por las etapas de formar una familia, mudarse y cambiar de trabajo, todo ello manteniendo su espíritu de *ubuntu*, como le gusta decir al arzobispo. El dicho africano significa «yo soy porque tú eres».

Su objetivo común, que comenzó con la eliminación del apartheid, ha evolucionado hasta convertirse en una lucha para que todos los seres humanos tengan la oportunidad de vivir una vida digna. Y viven fieles a este propósito en cada conexión e interacción con el ser humano, incluso en los momentos más mundanos, como cuando van en coche y ven a un desconocido que se esfuerza por subir una colina empinada. Leah gritará: «Oh, detente y llévalo a la cima». Nunca olvidaré que una vez estuve en el aeropuerto con el arzobispo. Cuando un grupo de funcionarios trató de llevarlo al principio del control de seguridad, se negó amablemente, bromeando que no quería saltarse la cola porque podría interferir con sus posibilidades en la cola más importante para ir al cielo.

En cada reunión, en lugar de preocuparse por las supuestas personas importantes, el arzobispo y Leah se centran en reconocer y celebrar a las personas que sirven las comidas, limpian las salas y preparan las reuniones. Siempre están atentos y presentes con todos los que los rodean, especialmente cuando se trata de aquellos cuyas voces no se escuchan habitualmente. Si alguien necesita una palabra amable o una mano amiga, el arzobispo y Leah son los primeros en estar ahí para ellos. Esta generosidad de espíritu eleva su relación y a todos los que los rodean. Es la encarnación viviente de su «algo más grande» compartido.

La relación de Arch y Leah se basa en la cooperación, la afirmación y la risa contagiosa, que solo se vio reforzada por la dureza y la miseria de los años del apartheid. Leah compartía lo que ella llamaba la «inseguridad» de no saber nunca si Arch iba a volver a casa, si había sido detenido o si estaba en algún tipo de problema. Cada vez que él entraba por la puerta, decía que había una sensación de ligereza, un profundo aprecio mutuo y un fortalecimiento de su compromiso para acabar con el apartheid.

Su afirmación mutua fue aún más importante cuando estaban bajo el brutal ataque del gobierno. Se turnaron para defenderse mutuamente y fortalecer su decisión de seguir adelante. También extendieron esa fuerza a los demás. Leah se convirtió en el principal apoyo para su comunidad frente a la brutalidad policial, así como en una gran fuente de consuelo para Arch después de los desgarradores días al frente de la Comisión para la Verdad y la Reconciliación. Día tras día, escuchaba historias horrendas de tortura y crueldad, pero me dijo que el proceso de perdón era liberador para todos.

A pesar de todas estas dificultades, siempre mantuvieron la alegría y el amor por delante del resto. Una cita que me encanta de Arch es: «Estamos hechos para amar. Si no amamos, seremos como plantas sin agua».

1 + 1 = millones

Tu propósito no tiene por qué ser tan trascendental como acabar con el apartheid o cerrar el agujero de la capa de ozono. Debe ser simplemente algo más grande que tú, algo que marque la diferencia en la vida de los demás. Tal vez sea criar a tus hijos para que sean los mejores seres humanos posibles, construir satélites para conectar a la gente de todo el mundo o hacer de tu empresa un gran lugar de trabajo. Todos esos esfuerzos son importantes.

Por supuesto, algo más grande debe ser auténtico; no puede tratarse de ego, poder o dinero. Debe centrarse en un legado de cambio que encaje con lo que eres y las habilidades únicas que tú y tu socio podéis aportar para marcar una diferencia positiva en este mundo.

En las conversaciones que mantuve con parejas de éxito, a menudo escuché que el compromiso con algo más grande había surgido de la celebración y la importancia del servicio como parte del ADN de la familia. Este espíritu de servicio y propósito es un regalo importante que los padres, los profesores o cualquiera de nosotros puede dar a los jóvenes. Uno de mis momentos favoritos fue cuando José María Figueres, expresidente de Costa Rica, bromeó con su hermana Christiana sobre el «servicio en el desayuno, el almuerzo y la cena» cuando crecían.

El autor Uzodinma *Uzo* Iweala habló de cómo sus dos padres estaban dedicados al servicio, pero de formas diferentes. «Mis padres estaban muy unidos el uno al otro», dice Uzo. «Veíamos un conjunto de comportamientos muy igualitarios. Para mí, el mero hecho de ver el ejemplo de ambos fue extremadamente importante, pero también lo ha sido ver y aprender de mi madre lo que significa ser una mujer fuerte en el mundo». Su padre, el Dr. Ikemba Iweala, se dedica a cambiar la vida de las personas. Su madre, Ngozi, está centrada en el cambio de sistemas y el servicio global: primero como ministra de finanzas nigeriana, luego en funciones clave en el Banco Mundial y ahora como la primera mujer y primera africana en ocupar el puesto de directora general de la Organización Mundial del Comercio (OMC). Ninguno de los dos habría tenido éxito en sus objetivos sin el otro. Romper el techo de la OMC, una organización de setenta y cinco años dirigida por hombres, no fue fácil. Ngozi considera que su marido fue un factor importante en su éxito, ya que siempre estuvo a su lado y le dio apoyo moral en los momentos más difíciles. Como médico, autor, y ahora director del Centro Africano, Uzo es un híbrido de sus extraordinarios padres.

No puedes elegir a tus padres, pero sí puedes elegir de quién te rodeas. Lograr algo más grande en el mundo está relacionado con las distintas conexiones profundas que alimentas en tu vida. Elige con cuidado rodearte de la grandeza, de personas que te desafíen a salir de tu zona de confort, que te hagan retroceder cuando te encuentres en una situación de riesgo y que amplíen tu forma de pensar, no que te retengan y limiten tus sueños.

Hay muchos recursos excelentes para ayudarte a identificar tu propósito personal, como el libro de Simon Sinek *Encuentra tu porqué*. Tus conexiones profundas pueden ayudarte a elevar exponencialmente tu propósito personal. Actúan como un espejo para ayudarte a entender mejor tus puntos fuertes y débiles. Te hacen responsable y te animan a seguir adelante. A veces, el simple hecho de tener un compañero que te sirva de orientador es todo lo que necesitas para dar el siguiente paso hacia algo atrevido que quizá no tengas el valor de considerar por ti mismo.

Construir un propósito compartido con un compañero, o una cooperativa, puede ser una de las experiencias más satisfactorias de la vida. A menudo comienza con la búsqueda de alguien cuyas habilidades complementen las tuyas en lugar de competir con ellas. Muchas asociaciones exitosas están formadas por personas radicalmente diferentes, lo que a menudo resulta contradictorio. Tus valores y tu ética de trabajo también deben estar alineados, como verás a lo largo de este libro.

He aquí **cinco ideas** que deben tenerse en cuenta cuando se aprovechan las conexiones profundas para lograr un propósito mayor, ya sea en un objetivo compartido o para apoyar los propósitos individuales de cada uno.

Haz que tu corazón y tu alma estén motivados

El concepto de algo más grande es mucho más que una declaración vacía. Amory Lovins, cofundador del RMI (Rocky Mountain Institute), lo llama «esperanza aplicada». Sangu Delle, que construye empresas de impacto social en toda África con sus hermanos, dice que es «casi como una religión que te motiva a salir de la cama cada mañana».

Encontrar y construir un propósito puede parecer una tarea desalentadora, que se agrava cuando se trata de dar forma a un propósito compartido para una asociación u organización. A menudo nos preocupamos pensando que nuestro objetivo tiene que ser perfecto. Pensamos erróneamente que nuestro objetivo es algo que descubriremos y luego grabaremos en piedra. Pero nuestro propósito evoluciona constantemente: debe ser *perfectamente imperfecto* para tener espacio para crecer. Lo más importante es que siga motivando nuestros corazones y nuestras almas. Como dijo una vez el poeta David Whyte:

«Cualquier cosa o persona que no te dé vida, es demasiado pequeña para ti».

La simplicidad también es importante para dar forma a nuestro propósito. Una declaración de objetivo «algo más grande» que sea corta, clara y auténtica será mucho más motivadora que una que sea tan complicada y larga que incluso a ti te cueste recordarla. Quieres una meta que te motive a salir de la cama cada mañana, no que te haga volver a dormir. Escríbela para que te sirva de motivación y punto de referencia. Aquí tienes algunos ejemplos de misiones sencillas de las que oirás hablar en este libro:

- **Difundir el poder del optimismo**, John y Bert Jacobs, *Life is Good.*

- **Hacer accesible una vida más sana a través de una comida vegana nutritiva y atractiva para todos**, Erika Boyd y Kirsten Ussery, restaurante Detroit Vegan Soul.

- **Acabar con la pena de muerte**, Anthony Ray Hinton y Lester Bailey.

- **Prestar servicios financieros y sanitarios a personas con bajos ingresos**, Andy Kuper y Jim Roth, LeapFrog Investments.

Tuyo, mío, nuestro

Algunas asociaciones tendrán un propósito compartido, otras se apoyarán mutuamente con propósitos individuales y otras tendrán una combinación de ambos. Lo importante, como dijo Caskey Ebeling de la fundación Not Impossible Labs, es que encuentres un camino que sea auténtico para ti y «un socio que te permita vivir tu verdad».

El aclamado terapeuta de parejas John Gottman afirma que un sentido y un propósito compartidos son fundamentales para una relación. Explica: «Mi vocación es la ciencia y la de mi mujer es la curación». Aunque tienen vocaciones diferentes, John y su mujer se respetan mutuamente.

Chris Anderson, fundador de TED, y Jacqueline Novogratz, fundadora de Acumen, son un gran ejemplo de pareja con propósitos tanto individuales como compartidos. ¿Cómo piensan Chris y Jacqueline sobre esto último? Simple y elegantemente: «Se trata de la dignidad humana», explica Jacqueline. «No tendremos dignidad como especie humana hasta que todos tengamos dignidad».

«No siempre hacemos lo mismo al mismo tiempo», dice Chris, «pero nos apasiona compartir el trabajo del otro». Continúa: «A veces parece que formamos parte de un objetivo conjunto, y otras no. Pero siempre parece que vivimos para algo más grande que nosotros. Creo que ese es el núcleo de gran parte de nuestra relación».

Reconociendo el delicado equilibrio entre alcanzar objetivos «algo más grandes» por separado y como pareja, Chris se encontró poniendo a prueba su compromiso para apoyar a Jacqueline cuando ella viajó a Pakistán por su cuenta para visitar una urbanización que su organización había ayudado a financiar. De repente, hubo un tiroteo y Jacqueline quedó atrapada en el fuego cruzado. «Fue realmente aterrador», recuerda. «Y cuando llamé a Chris después, había mucha fuerza al otro lado del teléfono. No era: "Vuelve a casa ahora mismo". Tampoco era: "¿Por qué te has puesto en peligro?"". Era: "Estoy muy orgulloso de ti. Te espero con los brazos abiertos". Y así, lo que resonó para mí fue que Chris estaba básicamente diciendo, te voy a apoyar y también voy a dejar que vayas a los lugares que tienes que ir de la manera que tengas que ir. Eso es increíblemente empoderante cuando estás en el mundo tratando de crear un cambio».

Muchos años después, Chris y Jacqueline se tomaron unas muy necesarias vacaciones juntos. La primera noche, Jacqueline recibió una llamada de emergencia sobre las inundaciones en Pakistán. Tuvo que recoger y marcharse. Despertó a Chris a las tres de la mañana para decírselo. Él se ofreció inmediatamente a viajar a Pakistán con ella para poder ayudar en la zona del desastre. «No fueron unas vacaciones», dice Chris, «pero probablemente fue una de las semanas de mayor conexión que hemos tenido como pareja. Fue increíble lo que pudimos hacer juntos».

Mientras Chris crecía, el mantra de su familia era «no vivas para ti, vive para los demás», lo que tuvo un efecto duradero e indeleble en él: «Toda mi vida me dijeron que las cosas no empiezan realmente a funcionar hasta que empiezas a mirar más allá de ti mismo. Y ahí es donde está la mayor y más profunda alegría».

Jacqueline tuvo una educación similar en ese sentido. «Me decían: "A quien mucho se le da, mucho se espera"», dice. «Me dijeron que teníamos que devolver más de lo que recibíamos en este mundo».

El sentido de servicio de Chris y Jacqueline fue inculcado en ambos a través de sus padres y lo reconocen y afirman constantemente entre ellos. Esto hizo que fuera sencillo hacer cosas como cancelar unas vacaciones e ir a Pakistán juntos. Cada vez que tomaban decisiones en consonancia con su propósito, su amor y respeto mutuo se profundizaban.

Valentía compartida

Llegar a algo más grande es mucho más fácil si no lo intentas solo. Los socios se empujan mutuamente hacia objetivos atrevidos y se responsabilizan mutuamente de alcanzarlos. Una conexión profunda es como una fuente de energía renovable que te mantiene en marcha, incluso en medio de los desafíos. La valentía no solo se define por el tamaño de tu objetivo, sino también por tu voluntad de asumir riesgos, de hacer algo más grande que tú y tu asociación. Tus conexiones profundas te darán el espacio seguro para hacerlo.

Por supuesto, no se puede inventar una declaración de objetivo y pretender el éxito. La valentía y la fidelidad a tu propósito requieren un trabajo duro. El trabajo diario para conseguir algo más grande puede ser agotador. Muchos de los socios que entrevisté hablaron de lo importante que es crear pasos y objetivos alcanzables en el camino, en lugar de aspirar a algo tan grande que te desanime constantemente y sientas que estás fracasando. Esto también te da la oportunidad de mantener el impulso celebrando las victorias a lo largo del camino o corrigiendo rápidamente el rumbo si algo no está funcionando.

Mark Kelly, astronauta de la NASA y senador de los Estados Unidos, y Gabby Giffords, exrepresentante de los Estados Unidos, han compartido algo más grande en su servicio a los Estados Unidos. Cuando combinaron sus vidas por primera vez, fue como juntar dos trenes que se mueven con rapidez, cada uno en su propio camino: uno utiliza el espacio para marcar la diferencia en la Tierra y el otro está decidido a demostrar que la política puede ser una fuerza para el bien.

Cuatro años después de su boda, el sábado 8 de enero de 2011, Mark se preparaba para su próximo vuelo espacial mientras Gabby hacía lo que más le gustaba: hablar con la gente de la comunidad que representaba en el Congreso. Esta sesión de Congress on Your Corner (El Congreso en tu esquina) se celebraba en un aparcamiento de Safeway en Tucson (Arizona). En una fracción de segundo, se convirtió en una pesadilla cuando un hombre armado disparó a Gabby en la cabeza y luego abrió fuego contra la comunidad, matando a seis personas, incluida una niña de nueve años.

Mark pronto se retiró de la marina y de su trabajo en la NASA para apoyar a Gabby en su largo camino hacia la recuperación. El 90 % de las personas nunca se recuperan de una lesión cerebral grave como la de Gabby, así que sabían que estaban luchando contra todo pronóstico, pero su conexión profunda les dio la esperanza y la determinación para seguir luchando. Gabby seguía poniendo un pie delante del otro y luchando con cada palabra. Con un esfuerzo persistente, su habla y su movilidad empezaron a recuperarse lentamente. A lo largo del camino, Mark y Gabby aprendieron a hacer una pausa y a simplemente vivir el momento para celebrar las pequeñas victorias de Gabby hacia la recuperación, lo que les hizo a ambos más fuertes y profundizó su conexión mutua.

La pareja continuó con su objetivo de por vida de servicio público, a pesar de esta tragedia.

En la actualidad, Giffords, la organización de Gabby, lidera la lucha para hacer más seguras las comunidades y poner fin a la violencia con armas de fuego en Estados Unidos. Reúne a estadounidenses de todo tipo, uniendo a jóvenes, veteranos, funcionarios de las fuerzas del orden, propietarios de armas y líderes religiosos para encontrar soluciones prácticas.

En agosto de 2020, nueve años y medio después de que Gabby recibiera un disparo en la cabeza, dio un discurso de 84 segundos y 155 palabras en la Convención Nacional Demócrata, todo en una sola toma. Nada más y nada menos que un milagro. Después de su discurso, Joe Biden se animó a tuitear: «La epidemia de violencia armada de nuestra nación es realmente un problema de cobardía».

El 4 de noviembre de 2020, Mark Kelly fue elegido senador estadounidense en Arizona. Durante su campaña, se comprometió a trabajar con los republicanos y con los demócratas al servicio de Arizona, al igual que hizo Gabby durante su estancia en la Cámara de Representantes de los Estados Unidos. Ganó con una plataforma de unificación y paz en lugar de división. «Se ve bastante claro cuando estás en el espacio», dijo, «estamos todos juntos en esto».

Casi exactamente diez años después de que Gabby recibiera el disparo, Mark fue encerrado en el interior del Capitolio de Estados Unidos mientras un grupo de gente atacaba el edificio. Cuando Gabby se enteró de que estaba a salvo, tuiteó: «No podía dejar de pensar en lo que debiste pasar hace 10 años esta semana. Me alegro mucho de que tú y tu personal estéis a salvo. Te quiero, cariño».

Esa noche, Mark volvió a estar en el Senado protegiendo la democracia estadounidense.

El «algo más grande» que comparten Mark y Gabby se basa en un profundo compromiso de servicio, valores compartidos y posibilidades atrevidas. Gabby resumió perfectamente su trayectoria como socios: «Juntos se pueden superar los días más oscuros y seguir luchando, luchando, luchando». Paso a paso y palabra a palabra.

Una fuerza que te pone los pies en la tierra

Cuando ese «algo más grande» va más allá de una asociación y pasa a una comunidad en tu empresa, en tu vecindario o en el mundo, es aún más importante tener claro el objetivo. Tu «algo más grande» puede ser una fuerza que te haga tener los pies en la tierra y que te lleve siempre de vuelta a lo que es importante y te mantenga en el camino cuando te encuentres con resistencia.

Erika Boyd y Kirsten Ussery abrieron los restaurantes Detroit Vegan Soul para poner comida buena y sana al alcance de todos en su comunidad y romper el ciclo de las enfermedades relacionadas con la dieta. Erika y Kirsten pusieron en marcha su negocio tras la muerte del padre de Erika, un suceso terriblemente trágico que resultó aún más doloroso porque Erika se dio cuenta de que la mala alimentación de su padre había contribuido a su muerte. Kirsten vio problemas de salud similares en su propia familia y sintió la misma vocación que Erika de ayudar a los miembros de su comunidad.

Ayudar a la comunidad a ser más saludable se convirtió en su objetivo compartido.

Conseguir que la gente aceptara su visión no siempre fue fácil. Cuando se trata de cambiar atrevidamente comportamientos profundamente afianzados y arraigados, como la alimentación poco saludable, se experimentan una resistencia y un rechazo significativos. De hecho, Erika y Kirsten me contaron mil historias sobre cómo la gente se tapaba la nariz inmediatamente cuando se enfrentaba al concepto de comida para el alma convertida en saludable, vegana y sin azúcar ni grasa. Como respuesta, las socias se dedicaron a profundizar y a trabajar con más ahínco para mantener vivo su sueño.

«Oíamos a la gente decir: "Tienes que estar de broma"», cuenta Kirsten. «También nos dijeron algunas otras palabras no muy bonitas por el camino». A veces, este rechazo hizo que Kirsten y Erika se cuestionaran su valiente visión. Por suerte, esto solía ocurrir en oleadas y, cuando una de ellas caía, la otra la levantaba y ambas seguían adelante. El beneficio de estos contratiempos fue la innovación. Empezaron a pensar en cómo podían crear platos que fueran familiares para la gente. Como un Caballo de Troya que hiciera que la gente al menos probara la comida más sana antes de descartarla.

Se aferraron a su visión y siguieron centrándose en servir comidas reconfortantes que cambiaran la vida para reducir la obesidad, la diabetes y los problemas cardíacos. Una vez que la comunidad empezó a probar el menú de Detroit Vegan Soul —que incluye platos como la hamburguesa Catfish tofu, las bolas de maíz Hush Puppies de verduras marinas o el arroz Hoppin' John sin cerdo— el escepticismo y la hostilidad persistentes empezaron a desaparecer, junto con los kilos.

«Detroit Vegan Soul se ha convertido en algo más profundo que Erika y yo», dice Kirsten. «Se trata de fortalecer la comunidad a la que servimos... Si causamos impresión en Detroit y ayudamos tanto a la ciudad como a su gente a sobrevivir, entonces eso es aún más satisfactorio».

Millones de momentos

Hace menos de una década, la comunidad inversora se burlaba de la importancia del propósito. Recuerdo claramente haberme sentado en muchas mesas enormes de juntas directivas con un montón de gente muy bien preparada. Cada vez que sacaba a relucir el imperativo del impacto social y medioambiental positivo, todo el mundo dejaba de prestar atención. Cuando salía de la sala, oía los inevitables susurros de «abraza-árboles» o «salvapantanos», como llaman a los ecologistas en el Reino Unido.

Hemos avanzado mucho. El público considera ahora que las empresas son responsables de una forma de hacer negocios mejor. Los inversores se apresuran a invertir su dinero en empresas cuyo objetivo es hacer algo más que obtener beneficios, a menudo dirigidos por personas como las que compartimos en este libro.

Pero conseguir algo más grande no depende solo de los fundadores y los directores generales. También depende de nosotros la forma en que elegimos vivir cada momento de nuestra vida y cómo nos relacionamos con todas las personas con las que tenemos la oportunidad de conectar.

Cuando mi padre se acercaba al final de su vida, me habló de cómo, a lo largo de su vida, luchó por equilibrar el trabajo, la familia y su propósito. Esto era comprensible, ya que tenía una carrera de treinta y dos años en Sears, Roebuck and Company, un matrimonio de sesenta y siete años y cuatro hijos.

Entre los fuertes pitidos, las luces cegadoras, las camas cubiertas de plástico y el olor a líquido de limpieza de la UCI, mi padre abrió los ojos y sonrió. Creíamos que lo habíamos perdido, pero ahí estaba de nuevo, tan alegre y avispado como si las últimas cuarenta y ocho horas de intervenciones hospitalarias de urgencia hubieran sido una especie de pesadilla.

Le pregunté qué quería hacer a partir de entonces e inmediatamente dijo: «Quiero pasar los próximos cien años de mi vida ayudando a la gente». Siguió hablando de cómo, a lo largo de su vida, siempre sintió que había un intercambio entre trabajar duro para mantener a su familia, asegurándose de que no experimentáramos la pobreza que él tuvo al crecer, y pasar tiempo ayudando a otros en su comunidad.

Le recordé el grande y precioso libro de cuero marrón que encontré en su oficina unos años antes, un regalo de la gente que se asoció con él cuando era el gerente de la tienda Sears de Burlington (Massachusetts). En la portada, con letra dorada, se leía: «Robert C. Oelwang, Sears Burlington, 1968-1978». En el interior de la portada figuraban las preciosas palabras iniciales: «Una tienda minorista no es más que un montón de hormigón y cristal... hasta que la gente le da vida y espíritu».

Cada página tenía conmovedores homenajes a mi padre, agradeciéndole que diera vida a la tienda. Mientras lo leíamos juntos, compartía innumerables historias sobre la gente con la que trabajaba y las experiencias que había tenido y que hicieron que todos esos años valieran la pena. Lo más conmovedor fue que en todos los comentarios y en sus historias, la gente le daba las gracias por haber creado relaciones: creó una familia y no solo una tienda exitosa (que lo era).

«Gracias por tomarte el tiempo de pensar en las madres trabajadoras y regalarnos flores en el Día de la Madre».

«Gracias por darme una segunda oportunidad después de cometer un gran error y robar en la tienda».

«Gracias por ayudarme a entrar en rehabilitación para recuperar la salud».

«Gracias por dejarme salir (y más tarde casarme) con mi compañera de trabajo (esposa)».

Todo era admiración hacia él.

Mi padre fue un líder empresarial de éxito porque se centró en las relaciones y la comunidad, no solo en las hojas de balance.

En medio del caos de la UCI hablamos de que, en realidad, no había hecho ningún trueque: no solo había apoyado a su familia, dándonos todas las oportunidades posibles, sino que también había cambiado para mejor la vida de todas las personas con las que entró en contacto, incluidos todos los que le ayudaron a dar vida a esa tienda de Burlington.

En los años posteriores a su regreso a casa desde la UCI en 2014, mi padre fue testigo del colapso de su querida Sears, una empresa que en su día fue importante, pero que había perdido su «algo más grande». Construida a lo largo de cien años, Sears se había convertido en el mayor minorista del mundo, asegurando que todos los estadounidenses tuvieran acceso a buenos productos a precios razonables. Lo consiguieron centrándose en su gente, y por eso mi padre los quería y era tan leal. Para él, Sears era como una familia: apenas pudo ver la dolorosa muerte de la empresa.

En 2018, Sears se declaró en bancarrota. Los intereses particulares ligados al beneficio a corto plazo la habían dejado sin vida, quedándose como un cascarón de su antiguo ser. La empresa quedó atrapada en un círculo vicioso de avaricia, centrada en la monetización de los activos en lugar de invertir en su gente y en su propósito de ofrecer un servicio excepcional y productos de calidad a precios asequibles.

El 4 de septiembre de 2019 falleció mi maravilloso padre. Dos días antes, toda la familia celebró el sexagésimo séptimo aniversario de boda de mis padres. Tuvieron la oportunidad de renovar sus votos en el hospital. Mis padres se rieron como adolescentes cuando el cura les dijo que era el momento de su luna de miel. Cuando salí del hospital esa noche, sonreí, dándome cuenta del significado de la vida de mi padre. Su «algo más grande», aportar alegría y amor a todas las personas con las que se relacionaba, impregnaba todas sus relaciones, en el trabajo y en casa.

A veces, el propósito y la asociación se sienten como un objetivo lejano al que hay que aspirar cuando, como demostró mi padre, se puede vivir cada día. Nuestro propósito se consigue simplemente estando al cien por cien para nuestras conexiones profundas, proporcionando confianza, respeto y creencia en el otro y ayudándonos mutuamente a alcanzar nuestro algo más grande. Esta práctica diaria se extiende inevitablemente a todas las vidas que tocamos, haciendo que todas nuestras conexiones y nuestras vidas tengan sentido.

Nunca olvidaré cuando pregunté a algunas personas de todo el Grupo Virgin qué era, según ellos, lo que hacía que la cultura de la empresa fuera tan humana. Uno de ellos se levantó y dijo: «Conseguimos o perdemos la cultura en cada interacción. Podemos elegir ser humanos y amables un millón de veces al día, o podemos hacer lo contrario y destruir nuestra cultura». Nuestras conexiones profundas nos ayudan a entender y practicar el propósito en cada acción, palabra y conexión que hacemos con los demás, construyendo una forma de ser que se convierte en la base de nuestras vidas y de nuestro legado de cambio positivo.

3

Darlo todo

Segundo grado de conexión

No somos otra cosa que la suma de nuestras relaciones.

—RICHARD REED, cofundador de Innocent Drinks
y JamJar Investments

Después de que se publicara en *Nature* su innovador artículo sobre los CFC en 1974, Sherry Rowland y Mario Molina se enfrentaron a la industria, a los políticos e incluso a sus colegas. La mayoría de los científicos criticaron duramente el hecho de que defendieran un cambio basado en su investigación académica. A lo largo de la siguiente década, las invitaciones de Sherry para hablar en conferencias fueron retiradas discretamente y otras nunca llegaron. Los estudiantes de química posdoctorales dejaron de acudir a su laboratorio para obtener becas. «Eso le dolió mucho», dijo su mujer, Joan, en el documental de la cadena PBS *Ozone Hole: How We Saved the Planet*. «Pero ¿qué vas a hacer, dejar de hacerlo? No».

El descubrimiento de que los CFC estaban haciendo que la capa de ozono mermara profundizaría la relación de Sherry y Mario y alteraría el curso de sus vidas. Aunque no quisieran una vida en el ojo público, ya no había vuelta atrás, a pesar de las increíbles probabilidades en su contra. Sabían que tenían que lanzarse por completo juntos para conseguir que la gente los escuchara, pero nunca imaginaron lo difícil que sería.

Por aquel entonces, la producción mundial de CFC, de 900.000 toneladas al año, representaba una parte de 8.000 millones de dólares de la industria química. La industria, en particular la empresa estadounidense DuPont y la británica Imperial Chemical Industries (ICI), como grandes productoras de CFC, no estaba dispuesta a ceder. Los ejecutivos de las empresas, los clientes y las asociaciones de la industria atacaron la hipótesis de Sherry y Mario y también atacaron su carácter. Decían que las sustancias químicas eran seguras. Sherry y Mario no tenían pruebas. DuPont publicó un anuncio a página completa cuestionando la legitimidad de la investigación. Una revista especializada en productos químicos acusó a los dos científicos de ser espías soviéticos.

«Estaban criticando sin sentido, fue horrible», dijo Donald Blake, entonces un joven químico atmosférico al que Sherry había tomado bajo su tutela. Don trabajaría con Sherry en la Universidad de California en Irvine durante treinta y cuatro años, tras llegar al departamento de química como estudiante de doctorado en 1978. «Pero Sherry me decía que me calmara», dijo Don. «Tenía el corazón de piedra y nunca se enfadaba». También protegía ferozmente a su equipo. «Él era el que salía al frente y se llevaba todas las críticas de la industria o de cualquier otra persona», me dijo su hijo, Jeffrey.

Lo que los críticos no entendían era que Sherry y Mario no querían tener razón. Preferirían haber continuado sus vidas como académicos que como guerreros de primera línea. Pero los hechos científicos estaban delante de ellos y querían que el público y los responsables políticos entendieran lo importante que era esto para la supervivencia de la humanidad. «Cuando se trataba de testificar en el Congreso, Sherry no tenía problemas en ir al Senado y decirles lo que necesitaban oír», dijo Don. Mario también habló, y tuvo especial éxito en la creación de un grupo de aliados con otros científicos, como Ralph Cicerone, Richard Stolarski, Harold Johnson y Paul Crutzen (cuyo trabajo a principios de los años 70 fue crucial para poner de manifiesto los peligros de los CFC).

Incluso los consumidores no creían que los CFC fueran un riesgo. En 1980, la Agencia de Protección Ambiental solicitó la opinión del público sobre las posibles restricciones de los CFC. Recibieron una respuesta abrumadora de 2.300 cartas. Solo 4 apoyaban las restricciones, las otras 2.296 se oponían ferozmente.

A pesar de los desafíos, Sherry y Mario no se dejaron intimidar. La confianza, el respeto y la creencia en el otro y en sus hallazgos nunca decayeron. La fuerza de su profunda conexión les dio la resistencia que necesitaban para seguir centrados en su objetivo. Juntos fueron capaces de superar las críticas porque sabían que había que hacer algo. «Si no es ahora, ¿cuándo? Si no somos nosotros, ¿quién?», recuerda Mario que dijo Sherry.

Les costó que los medios de comunicación prestaran atención a sus conclusiones publicadas, pero siguieron hablando, respondiendo amablemente incluso a las preguntas más sencillas. Presentaron sus hallazgos al gobierno, a la NASA y a innumerables organizaciones científicas e industriales. Mantuvieron su compromiso con el objetivo que compartían dándolo todo juntos, sabiendo que se cubrían las espaldas mutuamente. Se esforzaron por perfeccionar su comunicación sobre la ciencia de la capa de ozono para que, cuando tuvieran la oportunidad de plantear la cuestión, cada palabra contara. Cuando atacaban su trabajo, se mantenían abiertos. Anunciaban públicamente que iban a cuestionar sus datos y luego compartían los avances a medida que los revisaban. Se dieron cuenta de que se enfrentaban a dificultades. «Parece y suena a ciencia ficción», dijo Sherry. «Estoy seguro de que hubo quien pensó que les estábamos intentando gastar una broma».

Tenían claro que iban a hacer todo lo posible para movilizar al mundo para proteger la capa de ozono. Y, afortunadamente para todos nosotros, creían tan profundamente en ellos mismos y en los datos científicos que nunca se rindieron.

Sherry y Mario, y otros científicos como Paul, fueron ejemplos para la siguiente generación de científicos. Pusieron patas arriba el mundo científico cuando se lanzaron completamente a actuar sobre sus descubrimientos en lugar de limitarse a publicarlos. Despertaron un movimiento de científicos que no se limitan a sus laboratorios. Adoptaron un enfoque global y se asociaron con el gobierno, las empresas, los medios de comunicación y las organizaciones ecologistas, así como con el público; es decir, cualquiera que les ayudara a proteger el ozono. «Rowland inventó un nuevo tipo de ciencia y nunca volveremos a ver el mundo de la misma manera», dijo Susan Trumbore, profesora de Ciencias de la Tierra en la Universidad de California (Irvine), donde conoció a Sherry. «Gracias a Rowland y a otros pocos como él, el globalismo es un concepto natural para los científicos de mi generación».

Sin embargo, fueron tiempos especialmente duros para Sherry. Pagó un alto precio por dar la cara, poniendo en peligro tanto su exitosa carrera como su reputación que se había ganado a pulso. Aun así, siempre supo que su familia estaría a su lado pasara lo que pasara. Sherry y Joan compartían una integridad que nunca flaqueaba, y Joan se enfadaba cada vez que la industria química criticaba a Sherry. «Todo el mundo sabía que no había que meterse con ella», me dijo su hija Ingrid. Joan apoyó a su marido en todo momento, ayudándole a mantener su compromiso con lo que sabía que era correcto. Cuando la industria enviaba a espectadores molestos a interrumpir una presentación de Sherry, él simplemente los ignoraba. «Era grande y digno. Se limitaba a mirar y a veces se reía», dijo Ingrid.

Don describió la relación de Sherry y Joan como un «modelo a seguir de vida matrimonial». Atribuyó a Joan el mérito de haber ayudado a Sherry a seguir adelante y a lograr un impacto mucho mayor del que habría tenido sin ella. Su apoyo le proporcionó un lugar seguro al que volver mientras soportaba los abusos personales y el menosprecio de su trabajo científico. Y esto fue en ambos sentidos: Sherry apoyaba y respetaba a Joan, alentando su empeño por alzar la voz de las mujeres científicas. Joan se comprometió profundamente con los aspectos científicos generales de la disminución del ozono y, como escribió Sherry en su biografía para el Premio Nobel, «ha sido una experta y confidente de confianza a lo largo de las dos últimas décadas de investigación sobre el ozono». En una audiencia en el Senado estadounidense en 1986, le preguntaron a Sherry qué haría «si fuera rey». Su respuesta fue que se lo preguntaría a la reina; Joan, por supuesto.

Puede que le gustara la ciencia, pero amaba más a Joan. «Su primer amor era su mujer y su familia, y su segundo amor era la química», dice Jeffrey. Sherry siempre lo daba todo por Joan y sus hijos. Cuando Jeffrey tuvo un horrible accidente de coche, Sherry se tomó inmediatamente una excedencia en su trabajo, a pesar de que era un momento crítico para su trabajo. Se quedó en el hospital con Jeffrey todos los días durante cinco meses.

Finalmente, más de diez años después de publicar sus hallazgos y de comprometerse a seguir luchando, Sherry y Mario obtuvieron la validación que necesitaban. Las investigaciones de un equipo de científicos británicos que trabajaban cerca del Polo Sur revelaron un agujero en la capa de ozono sobre la Antártida. Otros estudios no tardaron en confirmar que el escudo protector estaba desapareciendo a un ritmo sorprendente.

Pero estos nuevos descubrimientos eran solo el principio. Ahora el mundo debía unirse para eliminar los CFC de la atmósfera, un objetivo que podría parecer casi imposible si no hubiera sido por la lealtad y confianza que compartían Sherry y Mario. Nunca flaquearon en su compromiso mutuo y en inspirar lo que ninguno de los dos podría haber logrado solo: conseguir que el mundo escuchase sus palabras.

Un compromiso con el compromiso

Comprometerse con algo más grande te prepara para darlo todo, te permite sentirte seguro en la relación y saber que os cubrís las espaldas al cien por cien. El compromiso total te da la libertad de hacer algo más grande, desplazando tu mirada hacia el exterior, más allá de ti mismo.

Una relación plena es una decisión consciente de estar ahí para el otro y para su objetivo, pase lo que pase. Jacqueline Novogratz lo llama «comprometerse con el compromiso». Es un hogar al que volver, un lugar en el que estás a salvo para ser vulnerable y correr riesgos porque sabes que alguien está ahí para ayudarte a levantarte si te caes.

Básicamente, darlo todo significa que hay que dar el cien por cien a través de un amor incondicional. El autor Gregory David Roberts me dijo una vez: «El amor es una búsqueda apasionada de una verdad distinta a la tuya». Sin embargo, nos bombardean con consejos sobre un enfoque egocéntrico y condicional del amor: cómo puedes conseguir amor y qué te va a dar, en lugar de cómo dar amor incondicional a los demás y aprender de su verdad. También será difícil encontrar ideas sobre el papel del amor en los negocios y las amistades saludables.

La madre de Jacqueline Novogratz solía decir que nunca debes preguntar si alguien te quiere. La pregunta debería ser siempre: «¿Estoy queriendo lo suficiente?». He descubierto que esta sencilla pregunta es una preciosa herramienta para comprobar si nos estamos entregando plenamente a todas nuestras relaciones, de negocios, amistosas y románticas por igual. Si nos reprimimos aunque sea un poco para protegernos, la relación acabará por debilitarse. Nunca alcanzará la profundidad de los Tutu, de Mario y Sherry o de Gabby y Mark, así como las otras extraordinarias conexiones profundas de este libro.

Convertirse en alguien que lo da todo no es una forma de ser automática ni un estado final, ni es tan sencillo como ponerse un zapato de cristal. Requiere valor y trabajo duro. Requiere paciencia y enfoques creativos de los conflictos.

Afortunadamente, los beneficios valen más que la pena.

Volver al centro

Había practicado las preguntas en mi habitación de hotel. Incluso las había ensayado con el taxista de camino a Atlanta. Sin embargo, seguía estando muerta de miedo cuando crucé el umbral del Centro Carter. Esta era una de las primeras entrevistas que iba a realizar para este libro y entrevistaría a uno de mis héroes de toda la vida. Ahora me da vergüenza admitirlo, pero en primero de primaria me vestí de cacahuete para hacer campaña por su presidencia. Aunque había trabajado con el presidente Carter durante diez años en conexión con The Elders, esto era diferente. Esta conversación iba a ser una exploración de su relación personal con su esposa, Rosalynn.

Nos instalamos para la entrevista en una sala de conferencias algo aburrida, sin ventanas y con banderas americanas como telón de fondo. El presidente y la Sra. Carter entraron a la habitación y se sentaron un poco tiesos, el uno junto al otro. Las primeras palabras del presidente fueron: «Tienes treinta minutos».

Rosalynn susurró en respuesta: «Calla, Jimmy, no tengas tanta prisa».

Comenzaron con la historia de cómo se conocieron y se enamoraron. Eso ocupó los treinta minutos asignados. Se sumergieron tanto en sus sinceras historias de sus siete décadas de vida que pensé que podríamos hablar hasta bien entrada la noche. Una de las reflexiones más conmovedoras fue el número de veces que el presidente Carter reconoció a Rosalynn como la persona más importante de la Casa Blanca durante su presidencia, mientras sus ojos y oídos estaban en todo Estados Unidos y el resto del mundo.

Su historia comenzó en la pequeña ciudad de Plains, en Georgia, en 1927, el año en que nació Rosalynn. El presidente Carter tenía tres años y vivía en la casa de al lado. Su romance surgió unos quince años después, en su primera cita, cuando él volvió a casa un fin de semana desde la Academia Naval de Estados Unidos.

La mañana siguiente a su primera cita, la madre del presidente Carter estaba preparando el desayuno y le preguntó qué había hecho la noche anterior. Él le dijo: «Fui al cine con una chica». Ella le preguntó con quién. Cuando él dijo: «Rosalynn Smith», su madre respondió: «¿Qué piensas de Rosalynn?». Sin dudarlo, él le dijo: «Es la mujer con la que me voy a casar».

Al día siguiente cogía el tren de medianoche de vuelta a la Academia Naval. Su madre animó a Rosalynn a que le esperara en la estación de tren para despedirse. Lo hizo y él la besó. Setenta y cinco años, cuatro hijos, doce nietos y catorce bisnietos más tarde, ostentan el récord de matrimonio más duradero de un presidente estadounidense.

Lo que más me sorprendió fue su honestidad, sobre todo en lo que respecta a lo difícil que puede ser el camino. Nunca pasan un día sin estar en desacuerdo, pero todas las noches hablan de sus diferencias antes de irse a dormir. Su franqueza ante el fracaso fue refrescante. Uno de los momentos más duros de su matrimonio fue cuando «perdieron la Casa Blanca». Llegaron a casa y se preguntaron qué hacer durante las décadas que tenían por delante; estaban una situación en la que por primera vez en su matrimonio estaban en casa todo el día, todos los días, juntos, un cambio radical respecto a sus días como primera pareja de Estados Unidos.

Al no saber qué hacer a continuación, decidieron escribir un libro juntos, *Everything to Gain: Making the Most of the Rest of Your Life*. Solo había un pequeño fallo: no se ponían de acuerdo en los detalles de algunas de las historias relevantes que componían su vida.

«Una de las peores cosas que intentamos hacer fue escribir un libro juntos», dijo Rosalynn. «Lo escribimos, pero eso fue lo más cerca que estuvimos de…». Dejó que sus palabras se deslizaran, y supe que estaba evitando la palabra *divorcio*. «Puso en peligro nuestro matrimonio», concluyó, y se calló.

El presidente Carter añadió: «Casi nos separamos por ese maldito libro».

Mientras lo escribían, dejaron de hablarse, comunicándose solo a través de un único ordenador en la mesa de la cocina. El presidente Carter escribía un mensaje en la pantalla y, cuando se marchaba, Rosalynn escribía una respuesta. (Eso fue mucho antes de que existiera Internet). Este acuerdo continuó durante algún tiempo hasta que se dirigieron a su editor, pidiéndole que mediara en la disputa. Al editor se le ocurrió la idea de que Rosalynn tuviera su versión de la historia con una *R* al lado del párrafo y Jimmy tuviera la suya con una *J* al lado. Independientemente de que esta pequeña innovación editorial salvara su matrimonio, creó un espacio seguro para que hablaran en lugar de escribir, y ayudó a que aprendieran a superar las dificultades y a mantenerse totalmente unidos.

«Normalmente, cuando fallamos es un fallo común, es algo en lo que ambos hemos fracasado», dijo el presidente Carter. «Si fracasamos, lo hacemos lo mejor que podemos y aprendemos de esa experiencia. El fracaso común se debe a que estamos juntos en esto desde el principio».

Parte de su secreto para mantenerse unidos era darse espacio y crear intereses comunes como el *footing*, el esquí (por primera vez a los cincuenta años), la pesca con mosca y la observación de aves. Y, por supuesto, continuaron juntos su incansable lucha por la paz y los derechos humanos a través del Centro Carter.

Aunque se sentaron rígidamente uno al lado del otro durante la entrevista, en lugar de uno en frente del otro, el ambiente entre ellos era todo menos formal. Bromeaban, reían, hacían muecas y simplemente brillaban por su amor y su confianza mutua. Lo que les une va más allá de sus experiencias compartidas en la Casa Blanca, su trabajo en el Centro Carter y sus cuatro hijos. Su conexión profunda no significa que tengan una relación perfecta, sino que comparten un nivel de compromiso que puede soportar cualquier cosa. Estar juntos significa que pueden crecer en sus propias direcciones, pero siempre vuelven al centro, el uno al otro.

Las últimas palabras que me dirigió el presidente Carter ese día fueron: «Como puedes ver, tenemos una buena vida».

Rosalynn estuvo de acuerdo. «Sí, es una buena vida».

Solidez en los polos opuestos

La relación de los Carter se basa en sus orígenes similares, pero algunas de las conexiones más fuertes que estudié surgieron a través de profundas divisiones. La historia de una de las asociaciones es tan sorprendente que parece imposible que sea cierta.

En 1995, el único hijo de Azim Khamisa, Tariq, un estudiante universitario de 20 años, estaba repartiendo una pizza en San Diego. Tras llamar a muchas puertas sin obtener respuesta, volvió a su coche. Cuando se subió al asiento del conductor para marcharse, fue asesinado por Tony Hicks, de catorce años, como parte de la iniciación de una banda.

Lo que ocurrió aquel día fue trágico. Lo que ocurrió después es extraordinario.

En medio de un dolor y una oscuridad inimaginables, Azim perdonó al asesino de su hijo. Incluso invitó a la familia de Tony a su casa para hablar de lo sucedido en un intento de curar las heridas de todas las partes. Cuando se sentaron juntos en el salón de Azim, crearon un espacio seguro para una conversación honesta en la que ambas partes podían ser vulnerables. Compartieron abiertamente sus sentimientos y experiencias y se afligieron juntos en un espíritu de perdón y empatía. «No tuve la respuesta de que había que colgarlo del palo más alto porque había matado a mi único hijo», dijo Azim. «Más bien vi que era una víctima de la sociedad. El enemigo no era el joven de catorce años, sino las fuerzas sociales que hacen que muchos chicos jóvenes caigan en el olvido, especialmente los de color».

Tras su encuentro inicial, Azim se mantuvo en contacto con el tutor de Tony, su abuelo Ples Felix, y entablaron amistad. Como muchas relaciones de éxito, Azim y Ples no podrían ser más diferentes. Azim es musulmán y era banquero de inversiones antes de que su hijo fuera tiroteado. Ples es baptista y fue Boina Verde. Se describen como dos polos opuestos que se unen por un objetivo común y bromean diciendo que no se les puede comparar con Martin Luther King y Gandhi por su trayectoria profesional.

Paso a paso, Azim y Ples profundizaron en su relación. A medida que iban conociendo las espeluznantes estadísticas de violencia contra los jóvenes en Estados Unidos, sabían que tenían que hacer algo, y acordaron que lo único que podían hacer juntos era asegurarse de que los jóvenes no acabaran muertos como Tariq, o en la cárcel como Tony. Encontraron un propósito compartido en la tragedia.

Cuando se conocieron, sintieron una conexión inmediata a nivel espiritual. Uno era cristiano y otro musulmán, por lo que ambos estaban comprometidos con el amor, la compasión y la empatía. Esto sirvió de base para construir la confianza. Azim dijo: «Hace falta tiempo, hace falta constancia, hace falta comportamiento. Creo que ser capaz de confiar en alguien es algo que los humanos no hacemos de la noche a la mañana». Continuó hablando de cómo su objetivo sirvió de guía para un comportamiento coherente: «El propósito es realmente más grande que yo individualmente o tú individualmente. Somos parte de una historia que es más grande que nosotros dos».

A lo largo de los años en que han trabajado juntos, han creado confianza y han demostrado que harían cualquier cosa por el otro. Han creado un entorno en el que pedir ayuda es un punto fuerte, no una debilidad. Y el conflicto es una oportunidad para aprender el uno del otro. Han construido una relación tan profunda que se refieren el uno al otro como hermanos. «No hay nada que nos impida vernos y estar juntos como hermanos, siempre que entendamos que somos uno», dijo Ples. Azim añadió: «Ples y yo somos diferentes, pero nos respetamos y nos queremos como seres humanos, como una sola raza humana».

Azim fundó la Fundación Tariq Khamisa, y le pidió a Ples que se uniera a él para trabajar para evitar que los niños se maten entre sí y para difundir la importancia del perdón y la empatía. Han multiplicado el impacto de su conexión más de un millón de veces, viajando por todo el mundo para compartir su historia de perdón, compasión y amor por encima de las diferencias. Juntos han conectado con cientos de miles de estudiantes de primaria, secundaria y bachillerato, modelando la belleza de cruzar las divisiones raciales, religiosas, políticas y de otro tipo para crear una amistad unida contra la violencia, la división y el miedo.

Una joven que reconoció a Ples de una presentación en la escuela vino y se sentó junto a él en un tranvía. Le dijo que, en el momento en que les oyó hablar a él y a Azim, decidió que nunca se involucraría en las bandas. Contó con orgullo que había terminado sus estudios y que había conseguido un buen trabajo. Comentarios como este dan a Azim y a Ples una sensación de logro que les hace querer pasar el resto de sus vidas al servicio de su objetivo.

A Azim y Ples les encanta hablar del poder que hay en los polos opuestos. Nadie habría imaginado nunca que ambos se harían amigos, pero sus diferencias y su historia de perdón son exactamente lo que hace que la gente los escuche.

Al final de nuestra conversación, Azim resumió lo que significa formar parte de una asociación que lo da todo:

«Es importante que cualquier asociación trascienda la conexión cognitiva e incluso emocional», dijo. «Tiene que llegar a esa profunda conexión espiritual para que la mantengas, para que confíes, para que respetes, para que puedas ver el conflicto como una oportunidad para poder crear amor y unidad».

Amigos antes que socios

Al igual que Azim y Ples, Ben Cohen y Jerry Greenfield no podrían parecer más diferentes: Ben es un visionario que no tiene límites ni fronteras, mientras que Jerry es un genio operativo que hace que las cosas sucedan. Sin embargo, su asociación funciona. «No solo tenemos habilidades diferentes, sino que, en cuanto a la personalidad, Ben es muy emprendedor y hace cosas que no sabe hacer», dice Jerry. «Tiende a ser muy franco y espontáneo. Algunos dirían que es impulsivo, pero nosotros decimos que espontáneo. Yo soy mucho más comedido, así que creo que, juntos, somos una combinación muy buena».

Ben añadió: «Jerry me ha impedido hacer muchas cosas realmente jodidas».

También tienen diferentes enfoques del liderazgo. «Jerry es mucho más diplomático», explica Ben. «También es mucho mejor a la hora de presentar y explicar las cosas a la gente, de forma que sean capaces de escucharlas». Ben cree que el enfoque de Jerry es la forma en que han mantenido a su equipo inspirado a largo plazo. «Hubo una etapa durante el crecimiento de Ben y Jerry's», dijo Ben, «en la que yo caminaba por la empresa y decía: "Oh, esto está mal, esto es basura, esto es una mierda, no hagas eso", y él caminaba detrás de mí diciendo: "Bueno, lo que Ben realmente quería decir era, ya sabes, haz esto y haz lo otro". Podía decirlo de forma que la gente lo escuchara».

Cuando pregunté a Ben y Jerry por el secreto de su éxito, ¿cuál fue su respuesta inmediata? Darlo todo. «Hay que estar metido de lleno. ¡Darlo todo!», exclamaron al unísono, seguidos de una alegre carcajada. Ben continuó: «¿Cómo crees que hicimos realidad Ben and Jerry's? Los dos estábamos metidos de lleno. ¡Lo dábamos todo!».

Se unieron gracias a su compromiso con un propósito común. Cuando inauguraron su primera tienda, que funcionaba también como cine al aire libre, ambos se arremangaron y realizaron cualquier tarea que fuera necesaria, como servir helados y organizar noches de cine (Ben era el proyeccionista y Jerry el guardia de seguridad). La confianza y el respeto que se profesaban mutuamente crecieron gracias al duro trabajo de construir un negocio que marcase la diferencia en su comunidad. Cuando podían descansar de las jornadas de veinticuatro horas de trabajo, se quedaban dormidos encima de los congeladores de helados. En el proceso, sacrificaron básicamente todo para que el negocio funcionara, todo menos su amistad. «Al final del día estabas muy cansado, pero no había nada más que quisieras hacer», dijo Jerry. «Darlo todo por algo es muy satisfactorio, saber que estás haciendo lo máximo que puedes hacer».

Al trabajar juntos, los dos desarrollaron un mantra: «amigos antes que socios». Ese mantra subraya una de las más extraordinarias historias de profunda amistad, con el beneficio colateral de un negocio de enorme éxito.

En muchas de las entrevistas, la palabra «amistad» se utilizó a menudo para describir el darlo todo, sin importar el tipo de relación que fuera. Hubo muchos debates sobre el deseo de recuperar el concepto de mejor amigo de las redes sociales, donde se puede tener un «amigo» con el clic de un botón en vez de a través de una relación significativa.

Ben dijo: «Creo que muchas asociaciones son de conveniencia. Alguien quiere hacer algo, o ambas personas quieren hacer algo, pero no pueden hacerlo por su cuenta. No se conocían realmente antes, y cuando se juntan no tienen los fundamentos de la amistad para empezar». Para Ben y Jerry, sin embargo, la amistad auténtica y el trabajo duro mutuo hacia un propósito común son las bases para poder darlo todo. La confianza también es un factor importante: «Para nosotros, creo que gran parte se trata de la confianza. Siendo amigos, simplemente confiamos el uno en el otro», explica Jerry.

En el mundo de los negocios no se habla muy a menudo del amor, así que fue refrescante que Ben y Jerry hablaran libremente de su amor mutuo. Todo lo que hablaban giraba en torno al amor. Cuando les pregunté qué era lo que más agradecían de su colaboración, Jerry dijo: «Bueno, estoy muy agradecido por el amor, la amistad y los viajes a los que puedo ir, lugares a los que nunca iría. Es bonito».

Y Ben siguió con: «Tenemos una tremenda cantidad de respeto por la otra persona, y amor por la otra persona».

Trabajo duro mutuo

Este tema del trabajo duro mutuo para poder darlo todo fue un hilo conductor consistente e importante en todas las asociaciones que entrevisté. Las asociaciones totalmente comprometidas tienen que practicar el sacrificio, en el que los socios están dispuestos a hacer lo que es correcto para los objetivos comunes, incluso si eso significa dar un paso atrás en un objetivo individual. Muchas de las asociaciones hablaron de cómo este «sacrificio» por su socio acabó aportándoles sus mejores regalos.

Cuando el periodista y escritor Nicholas Kristof preguntó a un grupo de personas que celebraban sus bodas de oro por el secreto de un matrimonio duradero, esperaba todo tipo de historias románticas. Sin embargo, lo que le llamó la atención fue que todas las parejas decían: «Es trabajo duro; el trabajo duro es lo que hace que dure».

Cuando hablé con Nicholas y su esposa, Sheryl Wu-Dunn, antigua periodista y autora forense, me dijo: «Sheryl y yo tenemos una relación maravillosa. Nos complementamos en muchos aspectos y nos queremos profundamente, pero también requiere compromiso y trabajo duro por parte de ambos. Y eso tiene que basarse en el respeto mutuo y en la voluntad de comprometerse, incluso cuando uno está seguro de tener la razón».

Sheryl respondió en broma: «¿Qué? ¿Trabajo duro?».

Con tres hijos y trabajos estresantes que exigen importantes viajes por todo el mundo, es inevitable el duro trabajo de coordinación de la vida cotidiana. Reconocen que tener hijos añade otra dimensión de complejidad, y a veces limita lo que se puede hacer profesionalmente. Pero también «enriquece enormemente toda tu vida», dijo Nicholas, «y al final es un legado que te va a interesar bastante más y que vas a valorar más». La estrecha relación con sus hijos les ha ayudado a ambos a mantenerse completamente unidos.

Otro aspecto importante del trabajo duro es sacar tiempo para estar presente con el otro. «Hay que prestar atención a la otra persona», explica Sheryl, «y no olvidar que es un ser humano y que tiene deseos y necesidades. No hay que subestimar a nadie». Esta comprensión les permite hacer sacrificios y compensaciones para garantizar un equilibrio justo en la pareja. Para Nicholas y Sheryl, esto significaba a menudo contener sus miedos individuales cuando uno de ellos viajaba a una zona de alto riesgo. «Ambos sopesamos estas compensaciones de forma algo incómoda, y a veces nos deja a los dos un poco nerviosos», dijo Nicholas. «Pero creo que funciona porque tenemos esta base de profundo respeto, amor y comprensión mutuos».

Compartieron una anécdota sobre su estancia en China durante la represión de la Plaza de Tiananmen. Cuando las tropas empezaron a abrir fuego contra la multitud, Nicholas corrió hacia la plaza para asegurarse de poder mostrar al mundo lo que estaba ocurriendo. «No creo que ningún otro matrimonio pueda entenderlo realmente», dice Sheryl. «Pero eso crea esta enorme cantidad de empatía, simpatía y miedo, todo fundido en uno». Nicholas continuó: «Cuando te disparan (nuestro complejo también fue tiroteado), te preocupas por el otro, te sientes indignado al ver cómo matan a los niños. Fue algo increíblemente traumático, pero creo que realmente nos unió». Lo compararon con el hecho de haber asistido juntos a un campo de entrenamiento, que ayudó a crear un vínculo inquebrantable de comprensión compartida.

La otra dimensión fundamental del trabajo duro que mantiene a las asociaciones dándolo todo es el trabajo duro hacia algo más grande. Ver que alguien se compromete y dedica su vida a un objetivo que importa aumenta el respeto, la confianza y el amor por su pareja. Esto es aún más importante cuando se trata de un objetivo compartido. Trabajar duro juntos garantiza que no se produzca ningún resentimiento debido a un desequilibrio en el esfuerzo y construye un vínculo a través de sus experiencias cotidianas, como vimos con Ben y Jerry.

Sheryl y Nicholas saben mucho sobre el trabajo duro para lograr su objetivo común de acabar con las injusticias y desigualdades fundamentales. A lo largo de sus carreras, han informado en primera línea de múltiples desastres naturales y han tenido encuentros de primera mano con casi todas las guerras de las últimas décadas. Conocer todo esto sobre ellos hizo que sus palabras fueran aún más reales para mí.

La profundidad de la total conexión entre ambos quedó patente en los comentarios finales de Nicholas. «Me encanta la compañía de Sheryl. Si Sheryl está de viaje... siento como si me faltara un brazo... Me siento completo solo cuando Sheryl está cerca».

No hay que subestimar este duro trabajo mutuo, pero el trabajo duro a nivel individual también es importante. Para darlo todo, tenemos que trabajar en nosotros mismos para aportar nuestro auténtico yo a una relación. El trabajo duro debe empezar en nuestro interior antes de poder ser un gran socio de otra persona y lograr algo más grande juntos. «Hay un viejo dicho que dice que el 95 % de la gente trata de cambiar el mundo», dijo Jo Confino, exeditor ejecutivo de *HuffPost* y ahora socio de Leaders' Quest, «y solo el 5 % trata de cambiarse a sí mismo».

Una constante visión a largo plazo

Robin Chase, la fundadora de Zipcar, señala una diferencia crucial entre muchas de las relaciones en su vida y la
total conexión que comparte con su hija, Cameron Russell, una narradora, modelo y activista: «Ella vela por mi
bienestar a largo plazo cuando muchos otros se centran en
el beneficio a corto plazo». En su entrevista, Robin habló
de cómo muchas conexiones en nuestras vidas son transaccionales en lugar de inversiones a largo plazo que ayudan a otros a prosperar. Por ejemplo, Cameron es completamente honesta con su madre cuando cree que un socio o
una decisión no le conviene a largo plazo, mientras que
otros habrían intentado impulsar la asociación para obtener un beneficio a corto plazo.

Un socio también sabe cuándo desafiarnos a estar a la
altura de nuestro «algo más grande». Robin compartió ejemplos de momentos en los que Cameron la animó a salir de su
zona de confort y a expresar sus puntos de vista sobre la capacidad de sostenibilidad y el liderazgo colectivo, sabiendo
que hacerlo era importante para el propósito de la vida de
Robin. Mientras que Robin estaba acostumbrada a hacer lo
necesario para construir y dirigir un negocio de éxito, no estaba acostumbrada a darlo todo y compartir sus vulnerabilidades y puntos de vista personales sobre los temas. Cameron
siguió animándola, ayudándola a dar forma a sus historias y,
poco a poco, Robin superó su miedo. Cada vez que hablaba,
era más valiente. Ahora ambas están construyendo un legado
de cambio a largo plazo al ser activas defensoras del medio
ambiente y de una mejor forma de hacer negocios.

Cuando se les preguntó qué les ayudó a garantizar que
se mantuvieran al 100 % a largo plazo, cuando tantos

otros padres y sus hijos se distancian más con el paso de los años, Robin hizo hincapié en un sistema de valores compartido, uno que también les ayuda a superar los momentos difíciles y a «igualar la relación».

Una total visión compartida y a largo plazo no es exclusiva de las familias que crecen juntas y de las relaciones que encuentras en tus primeros años. Puede darse en todas las formas y tamaños, y en todas las etapas de la vida.

La historia de Ray Chambers y Peter Chernin es un ejemplo perfecto de ello.

Ambos han tenido carreras de éxito durante décadas en los negocios y la filantropía. Podrían haber pasado el resto de sus vidas disfrutando de los beneficios de sus muchos éxitos, pero, en lugar de ello, unieron sus fuerzas para ayudar a acabar con la malaria.

Ray se había forjado una exitosa carrera en el sector del capital privado en Wall Street, donde supervisó operaciones enormes como la compra de Avis en 1985, cuando era presidente de Wesray Capital. A finales de los ochenta empezó a dedicarse a tiempo completo a resolver problemas sociales. Ray ha dedicado innumerables horas y recursos a toda una serie de iniciativas de impacto, desde ayudar a revitalizar su ciudad natal, Newark (Nueva Jersey), hasta ejercer de enviado especial del secretario general de la ONU. En 2006, Ray trabajaba en África con el economista Jeffrey Sachs cuando vio una foto de una habitación llena de niños dormidos en una aldea rural de Malaui. Después se enteró de que en realidad no estaban durmiendo. Todos estaban en coma por malaria. La mayoría de ellos no tardaría en morir. Hasta hoy, Ray sigue viendo esa imagen en su mente.

Ray aprendió todo lo que pudo sobre la malaria, una enfermedad mortal que afecta a millones de personas. Solo en 2019, casi 250 millones de personas contrajeron la enfermedad. La malaria mata a más de cuatrocientas mil personas al año, la mayoría de ellas niños menores de cinco años. Lo trágico es que la malaria se puede prevenir y curar.

En una reunión en Sun Valley (Idaho) en 2006, Ray conectó con Peter, entonces presidente y director de operaciones de News Corp y director ejecutivo del Fox Networks Group. En su puesto, Peter supervisaba las operaciones mundiales en los cinco continentes. Ray buscaba un socio y Peter, aunque no se diera cuenta aquel día, estaba listo para dedicarse a algo más grande que se convertiría en el trabajo de su vida. Juntos, Ray y Peter fundaron Malaria No More, una organización sin ánimo de lucro destinada a aportar una mentalidad empresarial a la tarea de erradicar la malaria. Entre Ray y Peter, y las otras conexiones profundas que han creado a lo largo de los años, han recaudado más de 16.000 millones de dólares y han evitado cientos de millones de casos de malaria.

Peter y Ray llegaron a su asociación con una mentalidad de querer aprender durante toda la vida y ambos son insaciablemente curiosos. Incluso después de haber estado al frente de muchas empresas y organizaciones, abordaron este nuevo capítulo de sus vidas con profunda humildad y entusiasmo por aprender el uno del otro y de sus socios. Decidieron ser copresidentes de Malaria No More y se pusieron a trabajar para atraer a socios de todos los sectores: el Banco Mundial, el Fondo Mundial, el gobierno estadounidense, American Idol, organizaciones sin ánimo de lucro que trabajan en la lucha contra la malaria y muchos más. Se convirtieron en expertos convocantes y colaboradores y crearon una red de socios que aumentó exponencialmente su impacto.

Ninguno de los dos intentaba ser el héroe y atribuirse el mérito. Ambos se encontraban en un punto de sus carreras en el que estaban profundamente agradecidos por sus afortunadas vidas y estaban centrados en cómo podían acabar con la malaria. «Nunca tratamos de ser el centro de atención o de los focos», dijo Peter. «Mostramos humildad y modestia entre nosotros y con todos los que nos rodean».

Ray y Peter, dos empresarios ferozmente competitivos, se rieron cuando les pregunté si eran competitivos entre ellos. El objetivo es demasiado grande, y la confianza y el respeto entre ellos es enorme, por lo que no hay lugar para la competencia y otras distracciones insignificantes. El único momento en que fomentan una sana competencia entre ellos es en torno a la búsqueda de las mejores soluciones para acabar con la malaria.

Es mucho más fácil darlo todo y mantenerse dándolo todo cuando no se lucha por el reconocimiento o el primer puesto. Como se conocieron y se asociaron más tarde, Ray y Peter tenían la experiencia, la humildad y la sabiduría para comprender el gran valor de una feliz colaboración. «Se puede lograr bastante más en una asociación. Se amplía infinitamente el alcance», dice Peter. «Pero también es mucho más divertido y mucho más satisfactorio saber que "Oye, hemos hecho esto juntos". Ray es increíblemente determinado y muy paciente. Para él, ser paciente es fundamental para construir grandes cooperativas, así como mantenerse alejado de los focos. Diría que son la humildad y el coraje lo que nos han hecho seguir adelante».

Una parte fundamental de su secreto es su «perseverancia», como mencionó Peter, y «no ser un filántropo aficionado». Después de dieciséis años, innumerables obstáculos, una exitosa colaboración global e intersectorial y una profunda conexión basada en el gran amor y respeto mutuo, Ray y Peter están claramente dispuestos a darlo todo a largo plazo para que la malaria deje de ser una de las enfermedades más mortíferas del mundo.

Y ambos tienen claro que nunca se rendirán.

Obstáculos para darlo todo

Los polos opuestos y la chispa de la diferencia pueden causar estragos en una relación cuando no se canalizan en la dirección correcta. Por otra parte, si las personas son demasiado parecidas, a menudo acaban compitiendo entre sí y no se esfuerzan por ser mejores.

El mayor obstáculo para darlo todo es cuando uno de los miembros de la pareja parece abstraerse de la relación. Si uno siente que está dedicando más tiempo y energía que el otro, el distanciamiento se convertirá en la norma y la relación sufrirá. El desequilibrio en el compromiso es uno de los cinco obstáculos clave en las relaciones, tal y como lo definen muchos de los científicos, terapeutas y psicólogos cuya sabiduría hemos aprovechado para este libro.

«Hay dos tipos de distanciamiento», dice la terapeuta de parejas Esther Perel en un podcast para *Knowledge Project*. «O bien hay discusiones, conflictos que siempre están ahí o grandes conflictos, o bien hay desconexión, indiferencia y separación... Eso es lo que pasa al distanciarse. O es una pelea constante o estáis tan distanciados que ni siquiera notas si el otro está ahí o no».

El aclamado terapeuta de parejas John Gottman se refiere a lo que él llama «pujas por la atención», es decir, los momentos constantes y casi irreconocibles en los que un individuo tiende la mano a otro dentro de una relación. Las pujas son acciones. Por ejemplo, una persona de la relación puede quejarse a la otra de un mal día en el trabajo. ¿Su pareja ignora las quejas o le ofrece palabras de ánimo o empatía? Según Gottman, en las buenas relaciones, esas ofertas son reconocidas el 86 % de las veces. En las malas, las personas solo reconocen las ofertas el 33 % de las ocasiones.

Toda relación fluye a medida que las personas atraviesan sus problemas personales y su propia evolución. El equilibrio es importante para que las personas no se sientan aisladas y olvidadas durante largos periodos de tiempo. Puede que alguien esté atravesando un periodo difícil, como el cuidado de un padre anciano o una fase especialmente complicada en el trabajo. Saber que la otra persona siente empatía compasiva y le da seguridad es a menudo todo lo que se necesita para salir fortalecido de estos inevitables periodos de dificultad y desequilibrio. También es importante contar con el espacio necesario para mantener conversaciones sinceras, de modo que ambos miembros de la pareja puedan compartir abiertamente cómo se sienten, de forma que se creen soluciones en lugar de aumentar la creciente división. A veces, la falta de interés se relaciona con la falta de capacidad para ser vulnerable, en la que alguien no está dispuesto a dar el 100 % de sí mismo. Cuando esto ocurre, la otra persona también empieza a desentenderse.

Dejar ir el miedo

Aceptar y compartir tus propias vulnerabilidades es uno de los caminos más rápidos para convertirte en alguien que lo da todo. A menudo, esto comienza con dejar de lado los miedos.

Keith Yamashita, fundador de SYPartners, y Todd Holcomb, asesor principal de Becoming Human, se conocieron hace unos veinticinco años en un retiro en las Islas San Juan, en la costa norte de Washington. Se sintieron atraídos el uno por el otro por su pasión común por mejorar el mundo que les rodea y por su sentido del optimismo y de la posibilidad.

Durante un tiempo, Keith y Todd lo tuvieron todo: un matrimonio feliz, dos hijos preciosos y un negocio próspero. Entonces Todd enfermó gravemente de la enfermedad de Lyme. Era la primera vez que Todd no podía funcionar de forma independiente, ya que la enfermedad era incapacitante. Keith dejó de trabajar durante el peor momento para cuidar de Todd y de sus hijos.

Fue en ese espacio vulnerable donde Todd se dio cuenta de la gran importancia de su conexión. El compromiso que Keith demostró al sacrificarlo todo para estar ahí para Todd abrió un espacio seguro para que Todd dejara de lado cualquier temor que tuviera sobre la relación y se lanzara por completo, sin intentar retener una parte de sí mismo en caso de que las cosas no funcionaran con Keith. «Tienes que estar dispuesto a amar antes de ser amado», me dijo Keith, «y tienes que estar dispuesto a confiar antes de que confíen en ti». Todd se dio cuenta de que se puede estar íntimamente conectado como un nosotros y ser independiente al mismo tiempo. De hecho, quizá sea esa interacción entre libertad y conexión lo que permite la supervivencia de las asociaciones.

Ambos hombres continuaron hablando sobre cómo darlo todo por la relación ha permitido que sean las versiones más cariñosas de su yo original. «Cuando dejas de preocuparte por la perpetuación del nosotros, es decir, que vamos a seguir hasta el último suspiro como un nosotros», dijo Keith, «puedes ser más aventurero, salir y ser completamente tú mismo y volver constantemente al nosotros». La seguridad de su compromiso total les ha permitido arriesgarse porque saben que se van a tener el uno al otro para el resto de sus vidas.

El miedo a darlo todo también estuvo presente en la entrevista de Chris Anderson y Jacqueline Novogratz. Cuando estaban a punto de casarse, Jacqueline tenía miedo de perder su independencia y la libertad de seguir su objetivo. Para aliviar sus temores, Chris la sorprendió en su boda y añadió el voto: «Nunca te retendré».

Trece años después de su boda (y diecisiete años después de que comenzara su relación), Jacqueline y Chris siguen sintiéndose seguros y capaces de asumir riesgos, sabiendo que están al cien por cien el uno para el otro y que siempre se cubrirán las espaldas. Hoy en día, el consejo de Jacqueline a los jóvenes que buscan una conexión profunda en todo tipo de relaciones es «darse cuenta de que, si te comprometes de verdad, te liberará. Suena muy contradictorio, pero te permite volar».

¿Lo das todo?

Cuando pensamos en darlo todo, es posible que nos imaginemos que debemos encontrar a alguien que sea un reflejo de nosotros para que todo nos resulte familiar. En realidad, la complementariedad de los puntos fuertes y débiles puede fortalecer una relación. Las parejas que ponen todo su ser en la relación crean un espacio seguro para ser ellos mismos, para celebrar sus diferencias en lugar de ocultarlas. A su vez, que haya diferencias ayuda a las personas a seguir dándolo todo, ya que minimiza la competencia y desafía a cada persona a salir de su zona de confort.

Alex Rappaport, cofundador de la empresa de educación Flocabulary, dice que el truco está en hacer ver a la gente la importancia de darlo todo en las relaciones. Se preguntó: «¿Cómo podemos animar a la gente a buscar fuera de sí misma apoyo y habilidades adicionales y complementarias, a no ser tan orgullosos de pensar que lo pueden hacer todo? Esa es la clave».

Aquí tienes algunas preguntas que debes hacerte a ti mismo y a tu pareja para determinar si estáis dándolo todo de vosotros mismos:

1. **¿Os cubrís mutuamente las espaldas a largo plazo?** Como vimos con Sherry y Mario, cuando haces algo atrevido, es fundamental tener a alguien a tu lado, especialmente cuando te atacan desde todas direcciones. Las conexiones completas son aquellas en las que confías en que alguien siempre te cubrirá las espaldas, y esa misma persona o personas te permitirán asumir riesgos mientras te ayudan a minimizar tus miedos. En entornos seguros y de confianza, las buenas relaciones se convierten en laboratorios de posibilidades, que estimulan la innovación y crean un espacio para probar nuevas ideas y perfeccionar las habilidades de las conexiones profundas. En estas relaciones, puedes estar

seguro de que tu pareja realmente tiene en mente tus mejores intereses a largo plazo.

2. **¿Estáis ahí cuando os necesitáis?** «Cuando tu pareja habla, el mundo se detiene», dice Paul Bennett, de IDEO. Están al cien por cien para ti y tú para ellos: un hogar al que volver siempre.

3. **¿Os decís la verdad el uno al el otro, incluso cuando es incómodo?** Las relaciones de verdad te permiten ver cosas que quizá no habías visto antes en ti mismo, en los demás o en el mundo. Tu pareja actúa como un espejo, ofreciéndote una imagen real de tus puntos fuertes y una cariñosa llamada de atención cuando estás en una situación de riesgo y necesitas que te echen para atrás (como vimos con Ben y Jerry). Básicamente, te dan el conocimiento y la libertad para ser la mejor versión de ti mismo.

4. **¿Os apoyáis mutuamente con infinitos empujones hacia delante?** Uno más uno es mucho más que dos en una conexión total, lo que te ayuda a alcanzar objetivos mucho más atrevidos de los que podrías alcanzar por ti mismo. Estas asociaciones son centros de aprendizaje que avivan el fuego de la curiosidad, el asombro y el entusiasmo. Ayudan constantemente a los socios a animarse mutuamente.

5. **¿Proporcionáis un refugio seguro para los demás?** Las asociaciones que lo dan todo permiten a las personas afinar sus habilidades interpersonales, como abrir un espacio para las conversaciones sinceras y gestionar

los conflictos de forma saludable. Esto favorece el crecimiento individual y fomenta la confianza para aumentar la profundidad y el significado de todas las relaciones en sus vidas.

6. **¿Estás amando lo suficiente?** Céntrate en dar amor, no solo en recibirlo.

Darlo todo no significa perderse en una relación. Significa encontrarte a ti mismo a través de tus conexiones profundas. Te dan el espacio seguro y la confianza para encontrar tu mejor yo y la libertad para perseguir algo más grande. Esto no significa que tengáis que estar unidos por la cadera las 24 horas del día, sino que, pase lo que pase, os cubriréis las espaldas mutuamente. Estaréis el uno para el otro en los mejores y peores momentos.

4

El ecosistema

Tercer grado de conexión

Creo que, más que nada, se trata de cómo
las personas construyen sus personajes y
cómo se comportan en el mundo.

—Uzodinma Iweala, autor, doctor, productor de cine
y director general del Africa Center

Cuando el geofísico Joseph Farman y su equipo, Brian G. Gardiner y Jonathan Shanklin, del British Antarctic Survey vieron los datos por primera vez, pensaron que algo debía estar mal.

Los datos mostraban una preocupante pendiente descendente del nivel de ozono cerca del Polo Sur. Joe era conocido por su minuciosa atención al detalle y su rigor científico. Así que volvieron a realizar los mismos cálculos, una y otra vez. Realizaron controles de calidad sistemáticos de años de datos. Probaron el equipo. Los resultados seguían siendo los mismos. Eran terribles, como decía Joe una y otra vez.

Acababan de descubrir uno de los descubrimientos científicos más importantes del siglo xx.

Cuando Jonathan se unió por primera vez al equipo de investigación de Joe, se mostró escéptico sobre la investigación de Mario y Sherry. «Bueno, eso es un montón de basura», dijo. «¿Cómo es posible que las latas de aerosol destruyan la capa de ozono?». Decidió trazar un gráfico con datos históricos desde 1956 y datos actuales que demostraran que la gente no tenía que preocuparse por el uso de botes de aerosol. Su escepticismo disminuyó rápidamente cuando empezó a observar patrones inquietantes en los datos que ayudaron a descubrir el agujero de la capa de ozono y provocaron el imperativo moral de arreglarlo. Años más tarde escribió sobre el impacto perjudicial que la humanidad está teniendo en el medioambiente: «Quizá la lección más sorprendente del agujero de la capa de ozono es lo rápido que puede cambiar nuestro planeta».

En mi entrevista con Jonathan, me habló con cariño de su larga amistad con Joe y Brian. Eran un elenco de personajes extraños: Joe, el genio de las matemáticas; Brian, el físico, un brillante comunicador y el pegamento que los mantenía unidos, y Jonathan, el científico entusiasta y experimental, cuyo análisis de datos y visualización arrojaron luz sobre el tema. Sus diferentes puntos fuertes se entrelazaron para formar un vínculo inquebrantable. La confianza y el respeto inquebrantable que se tienen mutuamente sacaron lo mejor de cada uno. Su amplia experiencia científica combinada exigía una credibilidad global.

Lo que Joe y sus socios, Jonathan y Brian, descubrieron en 1984 fue un agujero en la capa de ozono sobre la

Antártida. Tras analizar los detalles, llegaron a la conclusión de que, efectivamente, la combinación de las gélidas temperaturas antárticas y los CFC provocaba una pérdida acelerada de ozono cada primavera. Afortunadamente, Gran Bretaña había invertido en la recopilación de datos científicos desde 1956 y pudieron demostrar que el daño se producía rápidamente. En 1985, Joe, Jonathan y Brian publicaron sus conclusiones en un artículo en *Nature*, la misma revista que había publicado la investigación de Sherry y Mario once años antes.

Poco después de que el equipo británico publicara sus hallazgos, Susan Solomon, química atmosférica de la Administración Nacional Oceánica y Atmosférica (NOAA), dirigió la Expedición Nacional del Ozono a la Antártida para recopilar datos adicionales y comprender cómo los CFC que se encuentran en los productos de consumo, los electrodomésticos e incluso los buques de guerra podían causar daños a la capa de ozono tan lejos de donde se utilizaban. Los hallazgos de Susan validaron lo que tanta gente había dudado. A su investigación le siguieron muchos otros estudios científicos, todos ellos en la misma dirección.

Los datos eran irrefutables: la investigación de Sherry Rowland y Mario Molina había sido correcta todo el tiempo.

«Tuvimos que ser pacientes durante más de una década», dijo Mario.

Estos descubrimientos ofrecieron más apoyo a la afirmación de Sherry y Mario de que la crisis era global y revelaron al mundo la responsabilidad moral de la acción global. Pronto la creencia compartida que Sherry y Mario tenían en el otro y en la urgente necesidad de proteger la capa de ozono se extendería por el mundo, preparando a otros para lograr lo imposible.

Todas las personas con las que hablé sobre el éxito de la colaboración mundial para proteger la capa de ozono describieron a Sherry y Mario como gigantes de carácter moral e integridad. Sherry, profesor titular, podría haberse llevado legítimamente la mayor parte del mérito por descubrir el impacto de los CFC. En cambio, compartió sistemáticamente el mérito con Mario.

Sherry y Mario inspiraron el surgimiento de un grupo central de científicos comprometidos, líderes mundiales, responsables políticos, líderes empresariales y negociadores; cada uno de los cuales desempeñaba un papel diferente, pero todos trabajaban hacia el mismo objetivo audaz: finalizar un acuerdo global para detener el uso de los CFC y garantizar su rápida aplicación. Construyeron una red de amistades guiada por un sólido ecosistema moral. Este ecosistema era instintivo para ellos, con respeto, confianza y generosidad, auténticamente presentes en todo lo que hacían, creando un ambiente de amabilidad, compasión y gracia.

En el centro, dando impulso y manteniendo constantemente a todos en el camino, había un puñado de conexiones profundas. Dos de esas conexiones profundas eran amigos íntimos de Sherry y Mario: Mostafa Tolba y Stephen O. Andersen.

Mostafa Tolba, un exuberante representante de la ONU y uno de los principales creadores del Protocolo de Montreal, estaba unido a Mario y Sherry en la creencia de que, si las personas adecuadas se unían para colaborar, el mundo podría proteger la capa de ozono. El respeto y la empatía de Mostafa por sus socios y las necesidades y problemas de los países menos industrializados fueron fundamentales para que el mundo se uniera. A Stephen O. Andersen, economista de la Agencia de Protección Ambiental (EPA), se le encomendó la tarea de ayudar a las industrias de todo el mundo a poner fin al uso de los CFC. Stephen se convertiría en uno de los aliados de confianza de Mostafa. El mejor constructor de comunidades era amable, simpático y auténtico. Los dos se convirtieron en socios extraordinarios: Mostafa, un líder egipcio intenso, pero de confianza, y Stephen, un estadounidense de Logan (Utah) con un don para hacer que la gente se sintiera parte de algo más grande, como una familia centrada en algo que tendría un impacto en muchas generaciones futuras.

Mostafa protegió ferozmente el objetivo. No toleraba que la gente dejase que sus propios intereses se interpusieran en el camino, o que perturbasen las virtudes que él consideraba sagradas para mantener la prosperidad de la comunidad en general. «Se trata de una persona que amaba tanto a los demás y a la Tierra que no podía resistirse a ser severo y conseguir lo mejor para el entorno y la gente que amaba», recuerda Stephen. Su inflexible enfoque en el objetivo principal se ganó la confianza de todos y le permitió crear vínculos. Era capaz de tomar a dos personas con posturas muy diferentes, averiguar cuáles eran sus perspectivas y encontrar una solución.

Mostafa reunió a una comunidad de diversos profesionales que ayudaron a forjar un acuerdo, todos ellos utilizando sus habilidades complementarias. Poco a poco, discutieron y debatieron respetuosamente su camino hacia soluciones compartidas. Y el 15 de septiembre de 1987 se adoptó el Protocolo de Montreal, iniciando el proceso de prohibición de los CFC y otras sustancias químicas para evitar más daños a la capa de ozono. Finalmente, 197 países lo firmaron. Fue un logro monumental.

Pero un acuerdo no es nada sin un plan para aplicarlo. Stephen fue clave para liderar esta implementación y sigue comprometido con su éxito hoy, más de treinta años después. En 1989, Stephen, Mostafa y otros socios crearon grupos de organismos de aplicación, como el Grupo de Evaluación Tecnológica y Económica (GETE). Este grupo fue fundamental para reunir a expertos de la industria, la ciencia y la política para eliminar los CFC e inventar sustitutos.

Stephen tenía una estrategia para construir primero un equipo unido y luego un movimiento: prestando una cuidadosa atención a las relaciones y alimentando el ecosistema que promovía la amistad, identificó a los mejores participantes que querían trabajar duro juntos. A continuación, se propuso reforzar las conexiones entre ellos. Construyó un entorno de confianza y aprecio. Stephen también se dio cuenta de la importancia de la empatía y la compasión. Se centró en los intereses de la gente, trató de entender sus culturas y sus retos personales, y luego mostró un profundo respeto y empatía prestando atención a cada detalle, incluso a la ropa que se pondría para que estuvieran más cómodos cuando se encontraran.

Mientras que Mostafa fue el visionario, Stephen fue el líder que se arremangó y lo hizo realidad. Su camino para conseguirlo fue «creer en lo inverosímil y el cinismo, imaginar el éxito, observar el proceso y conseguir que las cosas funcionaran». Hizo evolucionar el ecosistema de virtudes que Sherry y Mario incorporaron a la comunidad desde el principio. Stephen centraba sus acciones en el respeto y la generosidad, siempre elogiando a la gente y celebrando sus

triunfos. A menudo enviaba cartas de agradecimiento desde la ONU a los jefes de los miembros del GETE, dándoles
la oportunidad de disfrutar de los merecidos elogios por
su trabajo. Stephen hizo todo lo posible por mostrar auténtica compasión por la comunidad. Cuando un miembro del Comité de Disolventes, Jorge Corona, cayó muy
enfermo por un parásito, Stephen movilizó al resto del
grupo, organizó una búsqueda mundial del carísimo trata-
miento y organizó la financiación, lo que finalmente salvó
la vida de Jorge.

Sherry, Mario, Stephen y Mostafa modelaron el ecosistema de virtudes para que un grupo cada vez más numeroso de
científicos, economistas y representantes de la industria
definiese los detalles y empezase a aplicarlos. «Lo que iban
a poner en práctica, y cómo, se ha basado en un círculo de
amigos cada vez mayor que ha trabajado incansablemente
en condiciones de confianza personal», compartió Mostafa.
Los vínculos de confianza y respeto que inspiraron aumen-
taron la velocidad, el nivel de innovación y la eficacia del
proceso de aplicación del Protocolo de Montreal.

Fueron lo suficientemente sabios como para saber que,
a medida que la comunidad creciera, tendrían que crear
estructuras para mantener un ecosistema de colaboración
más amplio y próspero. El acuerdo del Protocolo de Montreal fue en sí mismo un gran éxito, pero el trabajo de
aplicación no había hecho más que empezar.

Un ecosistema para el bien común

Hablar de valores y virtudes es fácil: todos los hemos visto
plasmados en las paredes de las oficinas y entretejidos en

los discursos políticos. Pero es mucho más difícil vivirlos con coherencia. Sherry y Mario vivían sus valores en todo momento, como un sistema operativo espiritual que guiaba cada palabra y cada acción.

Este ecosistema moral apareció de alguna forma en todas las parejas que entrevisté y cobró vida a través de la práctica diaria de las virtudes esenciales. Con el tiempo, estas virtudes se convierten en respuestas reflexivas, creando un entorno de bondad, gracia y compasión entre nuestras conexiones profundas y todas nuestras relaciones. Este ecosistema hace que darlo todo sea posible y sostenible y, lo que es igual de importante, se convierte en la base de algo más grande.

Estas virtudes no son una pirámide ni una escalera. Están interconectadas: es un ecosistema vivo y cambiante. Las virtudes pueden alimentarse y reforzarse mutuamente o, si se descuida una de ellas, debilitar las demás. En una asociación, estas virtudes no aparecen por arte de magia. Construir el ecosistema requiere trabajo duro, curiosidad y práctica, hasta que se convierte en el centro de todo lo que haces, una forma de ser cada día, incluso en los momentos más mundanos. Lo aprendí cuando conocí a los renombrados antropólogos Wade Davis y Carroll Dunham, que son amigos desde hace más de cuarenta años.

En casa de Wade Davis en la isla canadiense de Bowen, rodeada de objetos que ha reunido en sus viajes por el mundo como fotógrafo y antropólogo, me sentí como si me hubiera transportado a otro mundo, uno en el que la diversidad cultural se considera sagrada. Cada estantería, mesa, pared e incluso el suelo parecían contener un poco de magia. En medio de todo esto, me senté a escuchar a Wade y Carroll Dunham durante tres horas. Estaba tan fascinada que acabé perdiendo no uno, sino tres ferris consecutivos de vuelta a tierra firme.

Mientras hablábamos sobre la idea de un ecosistema moral, me abrieron los ojos sobre lo cruciales pero ignoradas que son nuestras virtudes colectivas. Como dijo Carroll: «Cuando examinamos el pegamento que mantiene unidas a las sociedades, ¿el constructo de lo que somos se centra en nosotros como individuo o formamos parte de un colectivo mayor? Si es solo yo, yo, yo, a mí, a mí, a mí en vez de nosotros, nosotros, nosotros, toda la ecuación es totalmente diferente».

Wade y Carroll compartieron historias sobre ecosistemas biológicos que trabajan juntos para servir al bien común. El organismo vivo más grande y antiguo del mundo, llamado Pando, es un bosque de álamos en Utah. Su sistema de raíces conectado tiene más de ochenta mil años. Esta comunidad de árboles se mantiene viva cuidándose los unos a los otros, protegiéndose mutuamente de las enfermedades y los incendios y asegurándose de que cualquier árbol que necesite agua o nutrientes los reciba a través de un antiguo sistema de raíces. Podemos aprender de la reciprocidad que está sana y salva en los ecosistemas de este maravilloso planeta, así como reconsiderar nuestra relación con la naturaleza, pasando de la extracción transaccional a la regeneración y la renovación.

Del mismo modo, las culturas humanas (y las asociaciones) sobreviven porque miran más allá del individuo hacia el colectivo. Nuestra cultura nos reviste de valores éticos y morales, que informan de nuestra capacidad para el gran bien… o el gran mal. Hemos perdido este ecosistema moral, junto con el respeto por las diferentes culturas, que es una de las principales razones por las que el mundo se está destruyendo. En su lugar, hemos ganado un mayor sentido del individualismo.

El cambio no es una amenaza para los ecosistemas culturales, subraya Carroll: el *poder* es la verdadera amenaza. Las actuales estructuras de poder incentivan la ganancia individual y garantizan que el control esté en manos de un pequeño grupo de individuos. El objetivo es el poder sobre los demás para obtener beneficios a corto plazo y la fama, en lugar de una *asociación compartida e igualitaria* para un bien mayor a largo plazo para todos. Tenemos que averiguar cómo podemos reavivar los valores morales y éticos en este nuevo mundo digital que nos unirá. Un punto de partida es la construcción de ecosistemas de virtudes con nuestras conexiones profundas.

Las excelentes ideas de Carroll y Wade, junto con las de las más de sesenta asociaciones que aparecen en este libro, me ayudaron a ver cómo **seis virtudes clave** pueden ayudarnos a trascender las divisiones culturales, ampliar nuestras aspiraciones y construir conexiones profundas con un mayor número de personas:

- La **confianza duradera** no es solo aprender a confiar en el otro. Eso es importante, por supuesto, pero también lo es aprender a confiar en lo desconocido, en la vida misma. Aprender a vivir sin miedo, y confiando en que las decisiones que tomes funcionarán, te permite caminar en gracia. Esto te permite estar plenamente presente y aportar todo tu ser a tu asociación.

- Hay que mantener un **respeto mutuo inquebrantable** por la contribución única de cada persona a una relación. En lugar de intentar convertir a todos en una versión de ti mismo, celebra las diferencias. Esto empieza con una escucha profunda y respetuosa y con la apertura a ideas con las que quizá no estés de acuerdo, pero que estás dispuesto a intentar comprender.

- Una **creencia compartida** eleva las asociaciones, las relaciones y las comunidades, ayudando a la gente a creer en los demás y en algo más grande. «Hemos olvidado que la creencia y la metáfora son lo que siempre han impulsado el espíritu humano», afirma Wade. «La medida de una cultura no es solo lo que hacen, sino la calidad de sus aspiraciones, las metáforas que los impulsan».

- La **humildad compartida** empieza por reconocer que cada persona y cada cultura tienen algo que aportar a la sociedad. En palabras de Wade, necesitamos «destrozar la tiranía de la miopía cultural». Ser humildes ante lo que no conocemos es fundamental para establecer relaciones sanas. Como dice Wade de su propio campo, «todo el mensaje de la antropología se destila en una idea simple: los otros pueblos del mundo no son tus intentos fallidos». Por lo tanto, siempre debemos empezar las relaciones sin suposiciones, sin juzgar.

- **Promover la generosidad** aparece en todos los relatos de Wade y Carroll sobre la sabiduría indígena, centrándose en la idea de competir en lo que podemos dar en lugar de lo que podemos tomar. Wade señaló al pueblo nómada penan de Malasia, que mide la riqueza en función de la fuerza de sus relaciones sociales: «No hay una palabra para agradecer en su idioma porque compartir es un reflejo», mencionó Wade.

- La **empatía compasiva** puede verse como la capacidad de ponerse en el lugar de otra persona y no disminuirla por sus diferencias. Esto nos permite celebrar activamente sueños diversos y aliviar el sufrimiento.

Después de mi conversación con Carroll y Wade, Wade me dejó explorar un poco más su oficina, un cofre de tesoros culturales. Todos los objetos expuestos tienen una historia humana detrás, llena del profundo sentido de asombro y respeto de Wade por otras culturas, desde los ancianos aborígenes de Australia hasta los inuit del Ártico, pasando por los hermanos mayores de Colombia, los gabra de Kenia y los penan de Sarawak. Un ecosistema simbólico de las virtudes que conectan las culturas y celebran la diversidad.

Después de todo, Carroll y Wade siempre volvían a la pasión y el amor universales como resultado de vivir las seis virtudes, salvando todas las divisiones humanas. Tal y como lo describen, un amor abundante es una radiante generosidad de espíritu, no un bien escaso. Podemos construir ese amor en nuestras conexiones profundas, practicando estas seis virtudes para ayudarnos a ser más amables y cariñosos con todas las personas con las que nos relacionamos.

Explorar el ecosistema

El ecosistema está vivo con la práctica diaria de seis virtudes esenciales. Gestionar el equilibrio y el flujo entre las virtudes interconectadas es fundamental para crear profundidad en nuestras relaciones. Por ejemplo, un exceso de humildad puede debilitar tu creencia en algo más grande, o una falta de generosidad puede desmoronar tus cimientos de confianza y respeto.

No es un proceso fácil. Vivir estas virtudes significa hacer lo correcto, incluso cuando esas decisiones exigen compromisos difíciles. Lo vimos cuando Leah Tutu confió y respetó la decisión de Arch de pronunciarse contra el apartheid, aunque eso supusiera su encarcelamiento o su muerte. Sin duda fue una decisión dolorosa para Leah, ya que no quería perder a su marido, pero creía que era lo correcto para Arch y para el objetivo principal.

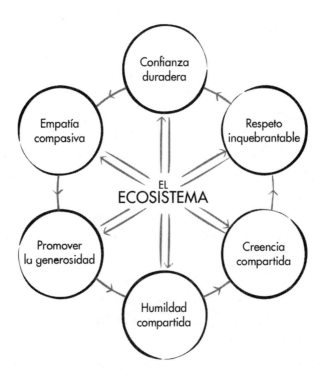

Con el tiempo, las virtudes se convierten en respuestas automáticas, creando un entorno de bondad, gracia y amor incondicional.

Estas virtudes conectadas ayudan a crear seguridad psicológica en las relaciones y los colectivos. El Proyecto Aristóteles de Google, dirigido por Julia Rozovsky, descubrió que esta sensación de seguridad era uno de los factores clave para el éxito de un equipo.

Dado que el ecosistema moral está en el centro de las conexiones profundas exitosas, el resto de este capítulo explora cada una de las seis virtudes a través de la experiencia de las más de sesenta asociaciones, incluyendo consejos prácticos para cada una de ellas para ayudar a integrar estas virtudes en tus propias relaciones.

Primera virtud: Confianza duradera, fe en los demás

La confianza es, con mucho, el elemento más importante del ecosistema de una relación. «La confianza es lo más importante. Si no confías en alguien, no funciona», dijo Henry Arnhold, cofundador de la Fundación Mulago. Continuó describiendo una confianza duradera —en la que le confías al otro tu vida, basada en algo más grande que vosotros mismos, con una creencia constante en las buenas intenciones del otro— como un componente esencial para cultivar vidas y organizaciones significativas.

Basar nuestras relaciones en la confianza es fundamental para nuestro bienestar y para nuestras empresas. El estudio del Barómetro de Confianza de Edelman, que ha encuestado a treinta y cuatro mil personas en veintiocho países cada año durante dos décadas, muestra que «en los últimos veinte años, hemos visto una fractura de la confianza, pero un aumento de su valor. La confianza ha surgido, al igual que la libertad y la seguridad, como barómetro de una sociedad exitosa».

En quién confiamos ha cambiado significativamente en las dos últimas décadas de investigación de Edelman. De hecho, la pirámide de la confianza se ha invertido: a principios de la década de los 2000 confiábamos en las autoridades, mientras que hoy en día reservamos nuestra confianza a «gente como yo». Nuestros compañeros, amigos y comunidades locales son ahora nuestras fuentes de verdad en el mar de noticias falsas que estalló con las redes sociales y la politización de los medios de comunicación. Nuestras conexiones profundas se han convertido en nuestros centros más importantes para la verdad y la confianza.

Muchos de nosotros pensamos que tenemos una naturaleza confiada, pero a menudo nuestras acciones cuentan una historia diferente. Queremos tener fe en los demás, pero, si nuestra confianza se ha roto repetidamente, podemos ver la vida a través de una lente de sospecha y miedo. Adoptamos patrones de comportamiento que, vistos objetivamente, revelan nuestra desconfianza. Cuestionamos las intenciones de los demás y caemos en la comodidad de nuestras propias agendas. Con el compromiso y el apoyo que nos proporciona el darlo todo en las conexiones profundas, podemos cambiar, pero requiere esfuerzo y un diseño intencionado.

Mantener la confianza es aún más difícil, y a menudo más gratificante, cuando se acepta la conexión con personas ajenas al círculo íntimo. Y, sin embargo, puede hacerse incluso entre completos desconocidos. Piensa en el éxito mundial de Airbnb.

Ahora parece obvio, pero cuando los cofundadores Joe Gebbia, Brian Chesky y Nate Blecharczyk fundaron Airbnb en 2007, la idea de alojar a extraños en tu casa parecía radical, incluso extremadamente optimista. Los inversores, y básicamente todo el mundo, no creían en su historia: estaban seguros de que los desconocidos nunca confiarían en los demás hasta ese punto.

El equipo se propuso contrarrestar estas dudas diseñando un modelo de negocio basado en la confianza y la conexión. Ofrecieron fotografías profesionales gratuitas a los anfitriones, invitaron a los clientes a hacer comentarios y diseñaron un sistema de reputación para reforzar aún más la confianza. Los responsables de Airbnb escucharon para saber qué información necesitaban los huéspedes para sentirse seguros y aseguraron a los anfitriones que Airbnb les cubría las espaldas si algo iba mal.

Los tres cofundadores y amigos supieron instintivamente que las medidas más importantes serían las que fomentaran una conexión profunda entre ellos, su equipo, sus anfitriones, sus huéspedes y las comunidades locales. También se dieron cuenta de que todos estos grupos están interconectados y desempeñan un papel en el fortalecimiento de su negocio.

La mayoría de las empresas dedican gran parte de su tiempo a crear y hacer un seguimiento de todo tipo de medidas: rentabilidad, retención de clientes y personal, ratios de costes, etc. Rara vez se centran en la profundidad de la conexión y el nivel de confianza con los clientes, los equipos y las comunidades en las que operan. La ausencia de confianza se percibe desde el momento en que se entra en una empresa sin ella. Una corriente erosiva corre bajo las conversaciones junto a la máquina de café, la información no fluye, la alegría falta, la burocracia es alta.

Joe, Nate y Brian lo entendieron y construyeron una empresa única basada en la conexión y la confianza. Esto fue más fácil porque su relación comenzó con la amistad. No tenían ningún objetivo más allá de disfrutar de la compañía del otro. Siempre estaban pensando en lo que era mejor para el otro y para la empresa, anticipándose a las necesidades del otro y celebrando la combinación de sus diferentes perspectivas para crear mejores ideas. Querían crear una cultura dentro de la empresa que reflejara la confianza fundamental que creían que existía y que consideraban sagrada en su propia conexión profunda.

Para crear confianza, el equipo de Airbnb se dio cuenta de que necesitaba que los empleados entendieran que no hay necesidad de competir entre ellos; la única persona con la que hay que competir es con uno mismo. Este fue un primer paso importante para desarrollar el respeto mutuo y la confianza en que tus compañeros de trabajo te cubrirán las espaldas. Esto permite un espacio seguro de transparencia y franqueza. Las conversaciones difíciles se aceptan y tienen resultados productivos porque la gente confía en las buenas intenciones de los demás.

Este modelo de conexión y comunicación parecía funcionar bien, ya que la empresa creció rápidamente. A finales de 2019, su duodécimo año de actividad, recibía más de mil currículums por cada vacante. Los rumoreados planes de Airbnb para una oferta pública de acciones se convirtieron en uno de los debuts más esperados del mercado en 2020. Entonces surgió la COVID-19 y los viajes se paralizaron.

Ante el aluvión de comunicaciones de clientes que querían cancelar sus reservas y recuperar su dinero, Joe, Brian y Nate tomaron la decisión de romper con la política de la empresa y ofrecer los reembolsos completos. Tomaron la decisión y la aplicaron sin consultar previamente a la red de cientos de miles de anfitriones cuya vida depende de las reservas. A los anfitriones esto les pilló por sorpresa. Después de doce años creando confianza y buena voluntad en todo el mundo, los fundadores se dieron cuenta de que habían defraudado a su comunidad.

Para otra empresa, ese abuso de confianza podría haber supuesto el fin del negocio. Para Joe, Brian y Nate, fue una oportunidad de mostrar humildad, para pedir disculpas y para llegar a su comunidad y pedir otra oportunidad. Tuvieron las duras conversaciones que solo son posibles cuando se ha creado una cultura de confianza y franqueza. De estas conversaciones surgió la decisión de poner en marcha un fondo de 250 millones de dólares para sus anfitriones, acompañada de una nota de disculpa de Brian: «Aunque creo que hicimos lo correcto al priorizar la salud y la seguridad, lamento haber comunicado esta decisión a los huéspedes sin haberlo consultado contigo antes, como deberían hacer los aliados», dijo Brian. «Hemos escuchado los comentarios de anfitriones alrededor del mundo, y sabemos que podríamos haber sido mejores aliados».

La historia de Joe, Nate y Brian es importante, ya que va más allá de su conexión profunda con los demás: con su equipo, sus anfitriones, sus huéspedes y las comunidades en las que operan. Es un brillante ejemplo de conexión y confianza en un mundo que incentiva lo contrario.

La confianza, por supuesto, toma una forma diferente dependiendo de la relación, pero en todas las circunstancias podemos diseñar que nuestras asociaciones sean de confianza por defecto.

He aquí algunos principios rectores:

Da por hecho que el otro tiene buenas intenciones. No saques conclusiones precipitadas sobre las acciones de la otra persona, pensando inmediatamente en el miedo o desconfianza. La confianza crece cuando estás seguro de que la otra persona te cubre las espaldas y piensa en el beneficio común de la relación. Un propósito firme ayuda a incorporar las buenas intenciones en cada acción. Convierte la confianza momentánea en algo duradero y profundo.

La confianza constante requiere un salto de fe, lo que a su vez fomenta una mayor confianza.

Crea un espacio seguro y honesto para que crezca la confianza. Esto tiene un significado muy literal: crear un entorno en el que tú y tu socio podáis comunicaros con seguridad. Eso requiere tiempo y momentos regulares que construyan estabilidad, historia y alegría. En el próximo capítulo verás un montón de ejemplos de estos momentos. Cuando haces de la honestidad y la franqueza una prioridad central con tus conexiones profundas, la gente no huye de las conversaciones difíciles.

Sé transparente y claro. Es más fácil ser honesto y franco cuando se tiene un principio de diseño de transparencia. Una empresa de software, Buffer, llevó esto al extremo. Todos sus sistemas de remuneración y los datos de diversidad están disponibles en línea, su código abierto está disponible para cualquiera y son transparentes sobre su futuro mapa de productos. Esto les ha ayudado a construir una comunidad mucho más conectada y directa, manteniendo a los miembros del equipo centrados en la productividad en lugar de preocuparse por la equidad.

Un marco operativo claro, que incluya funciones y responsabilidades claras, es fundamental para que crezca la confianza. Permite a las personas ser escuchadas, tomar decisiones, asumir riesgos, ser eficientes y hacer algo extraordinario.

Haz que las conversaciones difíciles sean la norma. No tengas miedo de hablar con frecuencia de las cosas difíciles. En Airbnb, hablan de «elefantes, peces muertos y vómito». La idea era abrir el diálogo en toda la empresa. «Los elefantes son las cosas importantes de las que nadie habla, los peces muertos son las cosas que sucedieron hace unos años y que la gente no puede superar, y el vómito es que a veces la gente simplemente necesita desahogarse y necesitas a alguien que simplemente se siente a escuchar». La idea es comunicarse siempre abiertamente para que la gente sea libre de expresarse, incluso cuando lo que tenga que decir sea difícil de escuchar.

La confianza también puede desaparecer por los fantasmas de las experiencias pasadas. Cuando nos tomamos el tiempo necesario para aprender y comprender los problemas de la otra persona (y nos responsabilizamos de los nuestros), podemos ayudarnos mutuamente a superar las situaciones desencadenantes cuando surgen, reforzando el sentido de la relación de pareja como un espacio seguro. Lo peor que se puede hacer es desentenderse, ignorando lo que causa el estrés propio y ajeno hasta que los temblores se conviertan en un terremoto que podría destruir la relación.

Permite que los errores generen confianza. Por muy cuidadosa que sea la relación, hay momentos en los que la confianza puede romperse, especialmente en las primeras etapas, cuando tú y tu pareja no tenéis una historia compartida que os ayude a entender por qué alguien hace algo que puede parecer hiriente. Reconocer y asumir la responsabilidad de los errores puede contribuir en gran medida a fomentar la confianza.

Cuida tu lenguaje corporal. Poner los ojos en blanco o dar la espalda cuando alguien te habla puede ser todo lo que necesitas para minar la confianza. La confianza estaba tan arraigada en la pareja de Ben y Jerry que se podía sentir en cada palabra que utilizaban, en su lenguaje corporal e incluso en su risa. En los quince años que hace que los conozco, no he visto ni un solo momento en el que esta confianza fuera traicionada por una mirada, un comentario o una acción que la socavara.

Confía en ti mismo. Básicamente, construir una confianza duradera con otra persona es imposible si no se tiene ese tipo de confianza en uno mismo. Muchas de las personas con las que hablé describieron preguntas fundamentales que puedes hacerte para entender mejor cómo convertirte en un socio más confiado:

- ¿Confías en tus intenciones y en tus capacidades?
- ¿Qué necesitas de tu pareja para ayudar a crecer la confianza en ti mismo?
- ¿Estás dando lo mejor de ti y vienes desde un lugar de confianza en lugar de miedo?
- ¿Hay un claro «algo más grande» que impulsa tu vida y tus relaciones?

«La capacidad de dar sin sentir que es un sacrificio, que la ganancia está en el dar, es un tipo de confianza», dice Will Marshall, cofundador de Planet, una empresa de satélites. «Una confianza en el universo, pero también en aprender a confiar en que, si te dedicas a un objetivo grande y audaz, serás tu mejor yo, y encontrarás un camino para entrelazarlo en tu trabajo o vida diaria». A medida que te entiendas mejor a ti mismo, llegarás a reconocer que otras personas también están intentando dar lo mejor de sí mismas. Esa comprensión te permitirá colaborar con ellos de forma más eficaz.

Segunda virtud: Respeto mutuo inquebrantable, libertad para vivir tu verdad

La confianza nunca crecerá sin respeto. Ambos están profundamente interconectados. Los he visto en todas las relaciones exitosas que hemos explorado. De hecho, casi siempre se mencionan en rápida sucesión cuando pregunto a los entrevistados qué es lo que mantiene conectadas sus asociaciones.

Mientras que la confianza es la creencia de que se puede contar con alguien, de que sus intenciones son buenas, el respeto es la forma en que nos tratamos unos a otros, cómo aceptamos y admiramos a las personas por lo que son. Son las dos virtudes que constituyen el núcleo del ecosistema: la confianza hará que siempre os cubráis las espaldas y el respeto mutuo os ayudará a ser la mejor versión de vosotros mismos.

El respeto puede parecer de sentido común. Por supuesto que respetamos a todas las personas con las que realmente conectamos. Sin embargo, un vistazo al cementerio de nuestras relaciones pasadas revela lo difícil que es crear el entorno adecuado para que el respeto crezca.

Cuando lo hacemos bien, creamos un *respeto mutuo inquebrantable,* capaz de superar errores, vergüenzas y momentos en los que nuestra *autoestima* se tambalea un poco. Cuando nos honramos unos a otros, ese respeto se irradia a los demás.

Robert P. George y Cornel West pasaron su infancia en entornos muy diferentes, a casi cinco mil kilómetros de distancia. Robert se crio en las colinas de Virginia Occidental, como nieto de mineros del carbón, y Cornel creció en medio del explosivo activismo racial de California en la década de 1960. Hoy en día, Robert es ampliamente venerado como uno de los pensadores cristianos conservadores más influyentes del país. Cornel surgió como un inspirado presidente de los Socialistas Democráticos de América, una voz franca de la política de izquierdas que ha estado en la vanguardia del movimiento por la justicia racial.

Cornel y Robert tienen muchas creencias opuestas, pero de su amistad de catorce años ha surgido una profunda conexión. Estos dos intelectuales, ambos becarios de universidades prestigiosas (Robert fue a Princeton y Cornel empezó en Harvard y lo dejó para volver al Seminario Teológico Unión), hablan el uno del otro con reverencia y asombro; hablan de su amor mutuo. Cuando se sientan juntos, sus cabezas se inclinan hacia el otro como si se sintieran atraídos de forma natural, quizás para asegurarse de que escuchan cada palabra.

Mientras el mundo que les rodeaba se hacía añicos por la divergencia y un grado de lo que ambos llaman «decadencia espiritual», estos dos amigos se mantuvieron conectados y dedicaron sus vidas a la enseñanza, a la erudición, a defender las cosas en las que creen y a comprometerse y aprender de otros buscadores de la verdad con los que tienen desacuerdos, incluso entre ellos.

Lo hacen escuchando profundamente al otro y creando un espacio para los puntos de vista opuestos sin perder el respeto por el otro. «A pesar de nuestras diferencias políticas, tenemos puntos de acuerdo profundos», dijo Robert. «Estamos comprometidos con la búsqueda de la verdad. Estamos comprometidos con las ideas, con el tipo de discurso civil que hace posible la búsqueda de la verdad y con la libertad de expresión, que es la condición de ese discurso». Dijo que como resultado formaron «un pequeño equipo de evangelización de esos principios y valores».

Para Cornel, respetar a alguien que tiene opiniones completamente diferentes es el camino del crecimiento. La cuestión, dijo, es ser «inquieto». Pero solo funciona si hay humildad, sinceridad para el autoanálisis y respeto por las opiniones diferentes. Robert opina lo mismo, que llegar a los demás con respeto por las opiniones diferentes es el camino hacia un mayor entendimiento, pero admite que no es fácil. La gente tiene que obligarse a hacerlo, y eso requiere humildad y valor. «No significa que uno se comprometa de antemano a cambiar de bando, sino que reconoce su propia falibilidad», afirma.

Hace falta valor para salir del propio silo, dijo Cornel, «para ir más allá de cualquier etiqueta y categoría que otros hayan impuesto». Lo importante es escucharse unos a otros, respetarse, «y esperar que uno tenga la suerte de poder tener la profunda sororidad o amistad con la que hemos sido bendecidos, de modo que pueda ser transformadora en la propia vida para hacer de uno un ser humano mucho más amable, valiente, con espíritu crítico, humilde y tenaz».

Su último consejo fue que salieras y encontraras un amigo que te hiciera *salir de tu zona de confort*. Que tuvieras un profundo respeto, incluso a través de las divisiones, para permitir que los diferentes puntos de vista desafiasen y diesen forma a tu pensamiento.

El respeto ayuda a revertir la venenosa falta de civismo humano básico en el mundo, como demuestran Robert y Cornel al superar grandes diferencias. No se trata de respetar lo que alguien pueda llegar a ser, sino de respetar lo que es ahora. «El amor es respetar a tu pareja en el lugar en el que se encuentra», dice Jo Confino, a quien conociste en el tercer capítulo.

Cualquier tipo de asociación puede diseñarse para que sea respetuosa por defecto. A través de las entrevistas, identifiqué **seis principios comunes** que construyen un respeto mutuo inquebrantable:

Legos, no rompecabezas. Buscamos erróneamente socios que creemos que son un reflejo de nosotros mismos y que encajarán con nosotros como la pieza perfecta de un rompecabezas. Richard Reed, uno de los fundadores de Innocent Drinks, rechaza rotundamente este enfoque. En lugar de ello, hay que centrarse en si las habilidades de alguien se complementan con las tuyas, si sus ventajas equilibran tus desventajas. Lo comparó con respetar las diferencias de cada uno y crear una estructura de Lego, con todo tipo de formas y tamaños diferentes que se van construyendo hacia arriba y hacia fuera, hacia algo más grande y maravilloso. A veces, la estructura se sentirá inestable por la multitud de piezas diferentes que componen el conjunto, pero el ecosistema moral adecuado llevará a construir las cosas más extraordinarias. Nuestras virtudes deben coincidir, pero nuestras perspectivas o habilidades pueden (y a menudo deben) diferir. Honrar y respetar las diferencias fortalece las relaciones a lo largo del tiempo, empujándonos hacia la grandeza.

El mundo se detiene. «El mundo se detiene» cuando estás escuchando a tu pareja. Paul Bennett, socio de IDEO y cónyuge del fotógrafo Jim Cooper, repitió esta frase una y otra vez durante su preciosa y creativa entrevista. Hablaron de cómo el respeto tiene tanto que ver con escuchar profundamente y estar presente como con elogiar y afirmar.

Cornel y Robert bromeaban sobre el hecho de que alguien que escuchase a escondidas sus conversaciones se quedase perplejo por los largos periodos de silencio, momentos en los que escuchan profundamente los puntos de vista opuestos del otro y reflexionan y ponen a prueba su propio pensamiento.

Todos hemos tenido la experiencia de intentar comunicar algo importante a alguien que está mentalmente en otro lugar, sin escuchar. Todos hemos sido culpables de hacer lo mismo. Esto no solo es una falta de respeto, sino que también debilita la conexión, minando la voluntad de ambas personas de compartir y dañando su confianza. El escritor, director de cine y empresario Uzodinma Iweala dijo: «Lo primero y más importante es escuchar. No escuchar a alguien es como decirle a esa persona: "no existes"». Es la máxima señal de falta de respeto.

No estar de acuerdo, pero nunca faltar al respeto. Las diferencias de opinión son el corazón de una buena relación. Para tener estas diferencias sin discordancia, debemos aprender a debatir y respetar las opiniones sin lanzarnos a una guerra de palabras cargada de emociones.

Parte de este proceso consiste en dejar de lado cualquier sentimiento de competencia. «Siempre hemos respetado las opiniones de los demás», me dijo Richard Reed. «En Innocent Drinks, tomábamos decisiones como trío escuchando los argumentos de los demás, centrándonos en la lógica, los hechos y las razones, en lugar de dejarnos llevar por el ego y la competencia».

Cultivar el respeto. Al igual que la confianza, el respeto tiene una conexión mutuamente beneficiosa con el primer grado, Algo más grande. El respeto crece al apoyar los esfuerzos de los demás para lograr algo significativo. Saber cuándo alguien está centrado en marcar la diferencia para los demás, no solo para ellos mismos, y estar a su lado en ese proceso, es fundamental para el crecimiento del respeto mutuo.

Una red de respeto. La comunidad desempeña un papel importante en la creación de la aceptación de respeto. La vida diaria puede hacer que el respeto en la pareja se resienta al ver al otro en sus mejores y peores momentos. A menudo, alguien de la comunidad puede desempeñar un papel objetivo para recordarte por qué tu pareja es tan especial, lo que reavivará la chispa del respeto mutuo.

Al igual que hay que confiar en uno mismo para poder confiar en los demás, esta red de respeto debe empezar por el respeto a uno mismo, es decir, por la comprensión y el reconocimiento de las propias habilidades únicas. Se dice que Mark Twain dijo: «La peor soledad es no estar a gusto con uno mismo». Respetarte a ti mismo y sentirte cómodo con lo que eres te da la fuerza y la franqueza para respetar de manera inquebrantable a los demás.

Un pedestal imperfecto. Uno de los mayores impedimentos para el respeto mutuo es poner a nuestras parejas en un pedestal. Cuando cometen un error humano y caen, entramos en un círculo negativo de decepción y crítica. Debemos basar nuestra admiración por el otro en la realidad. Nadie es perfecto, y, si tratamos de imponer a las personas unos estándares poco realistas, el respeto se verá mermado y el tejido de nuestras parejas se deshará sin remedio.

El respeto y la confianza abren la puerta a la creencia en el otro y a la convicción de que juntos podéis lograr algo mucho más grande.

Tercera virtud: Creencia compartida, hacer posible lo imposible

La creencia compartida, construida sobre la base de la confianza y el respeto, es como tener un club de fans personal que te anima y te levanta. Es una confianza mutua, así como la fe en que juntos podéis hacer posible lo imposible. Esta creencia te empuja a ser la mejor versión de ti mismo e impulsa a hacer realidad incluso las ideas más difíciles y atrevidas. La creencia compartida es un poco como el combustible que te ayuda a llegar a algo más grande, creyendo en los demás y en tus ideas, incluso cuando los demás puedan pensar que estás loco.

La creencia compartida no siempre significa que se compartan exactamente los mismos sueños, como vimos con Cornel y Robert. Significa que hay una confianza subyacente en el otro, un respeto por los diferentes enfoques y una conciencia mutua de los puntos en común.

En septiembre de 2003, durante mi primera semana en Virgin Unite, Richard Branson me entregó una carta de Nelson Mandela y su esposa, Graça Machel. La carta era una respuesta positiva a una carta anterior de Richard y su querido amigo Peter Gabriel, sobre su idea de The Elders, una visión de un grupo de líderes moralmente valientes para trabajar por la paz y los derechos humanos. Mientras me entregaba la carta, Richard dijo: «Mandela y Graça están dentro. ¿Puedes ayudarnos a hacer realidad The Elders?». Lo primero que pensé fue: «Dios mío, acabo de dejar un gran trabajo en Australia para venir a trabajar con un loco con ideas extravagantes». Luego levanté la mandíbula del suelo, creí en lo imposible y me puse a trabajar.

En mayo de 2006, organizamos una serie de reuniones en la isla de Necker, en las Islas Vírgenes Británicas, para crear conjuntamente la idea de The Elders. El primer día, nerviosa y con los ojos entrecerrados por la luz del sol de la mañana, me encontraba descalza en el gran salón de estilo balinés frente a un grupo de filántropos, fundadores de tecnología, activistas sociales, directores de fundaciones, líderes religiosos y gobernantes de todo el mundo. Nunca me habría imaginado en la misma sala con un grupo tan ilustre de personas, y mucho menos presentándome ante ellos con un rotafolio. (Peter y Richard habían prohibido la presentación de PowerPoint que habíamos pasado meses creando, ya que consideraban que no era lo suficientemente humano, lo cual fue una decisión acertada).

Mientras los nervios me dificultaban mantener mi bolígrafo firme, capté los penetrantes ojos azules del presidente

Jimmy Carter, que estaba sentado junto al arzobispo Tutu en la primera fila. Pensé: «Vaya, está escuchando con mucha atención, le debe encantar esta idea».

No le encantó.

Momentos después, el presidente Carter se puso en pie. «No creo que esta idea tenga sentido», anunció. «No creo en ella».

Quería fundirme con las baldosas de cemento bajo mis pies y desaparecer para siempre. Rápidamente, eché un vistazo al fondo de la sala y vi a Peter y a Richard, con la boca abierta, congelados por el shock.

Durante el descanso, los tres entramos en el despacho de Richard con el corazón encogido. Lo que nosotros y tantos otros habíamos hecho con tanto amor y trabajo para darle forma acababa de ser destrozado delante de una sala de personas que eran fundamentales para su puesta en marcha. No fue un buen comienzo. Tras unos momentos de confuso debate (nunca había visto a Richard o a Peter quedarse sin palabras), respiramos profundamente, unidos en nuestra creencia en la idea y en los demás, y volvimos a entrar en la sala. Estábamos nerviosos y nos sentíamos rechazados, pero no vencidos.

Lo que ocurrió a continuación fue extraordinario. Todos los presentes se pusieron manos a la obra para crear una idea mejor y más sólida. Peter, Richard y yo, junto con los socios clave Scilla Elworthy y Andrea Brenninkmeijer, nos turnamos para organizar pequeños grupos que rellenaran algunos de las lagunas de la idea, manteniéndonos siempre fieles al concepto en el que creíamos tan profundamente: un grupo global de Elders que trabajara con valentía e independencia en favor de la paz y los derechos humanos, pero sin dar nunca por sentado que teníamos todas las respuestas. En su lugar, nos centramos en la idea de que The Elders fomentasen colectivamente el desarme nuclear, trabajasen entre bastidores para poner fin a los conflictos y luchasen por los derechos humanos, como acabar con el matrimonio infantil y fomentar la justicia climática.

La incredulidad inicial del presidente Carter se debió a su preocupación de que el esfuerzo se quedara en un «foro de discusión», que llevara a más palabras y a ninguna acción. Para asegurarse de que no fuera así, él y el arzobispo Tutu se reunieron durante cinco días para dar forma al propósito y los valores de The Elders. A menudo se reían de las diferentes formas de trabajar de cada uno, ya que el presidente Carter quería empezar al amanecer y trabajar hasta la noche, y el arzobispo Tutu quería hacer pausas a lo largo del día para reflexionar y rezar. La perspectiva colectiva del grupo hizo que el concepto final fuera mucho mejor (por supuesto) que nuestra prohibida presentación en PowerPoint.

Esta sabiduría que alcanzamos gracias a la creencia compartida quedó plasmada en el discurso de Mandela en el lanzamiento de The Elders el 18 de julio de 2007, casi un año después de aquel momento de fusión en el cemento en Necker Island. Todos los miembros de The Elders observaron con respeto cómo Mandela subió al escenario y habló de cómo los gobiernos de todo el mundo se esfuerzan por responder a nuestros problemas globales interconectados. Su rostro se iluminó cuando compartió su convicción de que este grupo de ancianos, que no tenía otras agendas ni intereses creados, podía ayudar a abordar lo que a menudo parecen cuestiones irresolubles. Estableció un camino para The Elders que sigue siendo válido hoy en día: «Reunidos aquí hoy, tenemos los ingredientes de ese grupo. Utilizando su experiencia, su valor moral y su capacidad para superar las preocupaciones específicas de nación, raza y fe, pueden ayudar a hacer de nuestro planeta un lugar más pacífico, saludable y equitativo para vivir».

El presidente Carter y el arzobispo Tutu, junto con muchos otros en ese grupo inicial, se convirtieron en los más firmes partidarios de The Elders a lo largo de los años. Cuando el presidente Carter se retiró de The Elders tras su nonagésimo segundo cumpleaños, en mayo de 2016, levantó una copa y brindó por sus colegas, diciéndoles: «The Elders ha sido una de las cosas más significativas que he hecho en mi vida».

La creencia compartida os ayudará a ti y a tus organizaciones a dar un paso hacia vuestro máximo potencial, como lo hizo con The Elders.

He aquí **cuatro formas** en que las asociaciones exitosas son capaces de mantener una creencia compartida a lo largo del tiempo.

Sin fronteras, sin límites. La creencia compartida te da la libertad de vivir una vida de posibilidades exponenciales juntos, rompiendo las fronteras y limitaciones que podrían retenerte si estuvieras solo.

Alex Rappaport y Blake Harrison son los fundadores de Flocabulary, una empresa que ofrece vídeos musicales de hiphop educativos para ayudar a millones de jóvenes a dominar el vocabulario, las matemáticas, las ciencias y mucho más. Piensa en *Barrio Sésamo* con Jay-Z. Alex me dijo: «Es más fácil saltar si llevas a alguien de la mano… Saber que alguien está igual de loco que yo es una sensación muy buena».

Eso no significa que la creencia compartida fomente los riesgos temerarios y absurdos. «Siento que eres la segunda mitad de mi cerebro. Eres el escéptico de mi impulsividad la mayor parte del tiempo, lo que es genial», le dijo Alex a Blake. «Me pregunto si estoy persiguiendo un objeto brillante que en realidad no significa nada para nuestro negocio. Y a menudo me haces poner los pies sobre la tierra». Descubrieron formas de desafiarse mutuamente, de convertirse en abogados del diablo para garantizar que su creencia compartida diera oxígeno a sus mejores ideas sin destrozar los sueños del otro.

Jerry Greenfield describe el enfoque de la vida de Ben Cohen como uno «sin fronteras, sin límites». Esto llevó a ambos a vivir aventuras de por vida que ampliaron, en lugar de limitar, su creencia compartida en una forma mejor de hacer negocios.

Ancla de confianza. Cuando el presidente Carter se instaló en la Casa Blanca en 1977, Rosalynn Carter dijo que no tenía intención de ser la típica Primera Dama. No quería limitarse al tradicional papel de anfitriona. En lugar de ello, utilizó su plataforma para abogar por cuestiones importantes que eran impopulares en aquel momento, como la salud mental.

Rosalynn no siempre tuvo tanta confianza. «Me sentía muy insegura de lo que era capaz, y Jimmy creía que podía hacer cualquier cosa», dijo.

Como se mencionó en el capítulo tres, el presidente Carter considera a Rosalynn la persona más importante de la Casa Blanca durante su presidencia. «Rosa estaba muy involucrada en los asuntos nacionales e internacionales, y cuando yo no podía ir a un viaje importante, Rosa iba en

mi lugar: no mi secretaria de Estado, sino Rosa», dijo.
«Visitó siete países de Latinoamérica para fortalecer las
relaciones internacionales y curar las heridas. Tuvo que
enfrentarse a cuestiones muy preocupantes, como la proli-
feración nuclear y el tráfico de drogas. Asumió enormes
responsabilidades relacionadas con todos los aspectos del
gobierno de Estados Unidos».

La confianza es tanto un resultado como una aporta-
ción de la creencia compartida. No se trata de una confianza interesada, sino de una confianza que crece a través de la
retroalimentación honrada de tus socios que lo dan todo.

Competir con uno mismo. La confianza en uno mismo y
la mejora constante de uno mismo son las fuerzas que fun-
damentan una creencia compartida mayor con los demás.
A menudo, lo que hace que esto se pierda es el énfasis que
pone nuestra cultura en la competición por encima de la
colaboración. ¿Cuántas veces nos hemos sentado en cenas
incómodas viendo cómo las parejas intentan parecer más
listas que los demás? O ¿cuántas veces te has sentado en
una reunión de negocios en la que todo el mundo intenta
ser la persona más importante de la sala?

Como dijo Bertrand Piccard sobre sus esfuerzos en el
vuelo solar con su compañero, André Borschberg: «El objetivo no es ser mejor que el otro y convertirlo en una
competición; el objetivo es ser mejor de lo que éramos antes. Yo tengo que ser mejor que lo que era antes. André
tiene que ser mejor de lo que era antes. Competir con nosotros mismos».

Animar. Pat Mitchell ha conseguido muchas cosas en su
vida: ha sido directora general y presidenta de PBS, presi-

denta de CNN Productions, fundadora de TEDWomen y mucho más. Sin embargo, durante mi entrevista con ella y su marido, Scott Seydel, un exitoso líder empresarial, quedó claro que lo más importante que han hecho es alimentar su conexión profunda.

«Valoro muchas cosas de esta relación, y cada día pienso que soy la mujer más afortunada del mundo», compartió Pat. Al unísono, continuaron: «Nos animamos mutuamente».

¿Qué pasaría si, en cada interacción con nuestras conexiones profundas, nos preguntáramos cómo podemos animarlas en este momento? ¿Cómo puedo elegir centrarme en lo positivo en lugar de en lo negativo? ¿Cómo puedo celebrar sus puntos fuertes? ¿Cómo puedo hacer una pausa para mostrarles lo mucho que los valoro y creo en ellos? ¿Cómo puedo utilizar este enfoque para animar a los demás?

Cuarta virtud: Humildad compartida, domina tu ego

La humildad compartida consiste en recordar lo poco que sabemos y llegar a todo con una mentalidad curiosa y de aprendizaje. Esta virtud se basa en la presencia de una creencia compartida: una sin la otra causará estragos en una relación. Si la creencia compartida no va acompañada de humildad, los egos desmesurados pueden hacer que sobrestimes tus propias capacidades y que subestimes las de tu pareja, lo que conduce a un desequilibrio insano en la relación. Si tienes humildad sin convicción, será difícil hacer algo más grande.

La humildad compartida es una confianza informada, una comprensión de nuestras propias limitaciones y el ego sano que surgirá de ello.

Cuando llegué a las oficinas de Draper Richards Kaplan (DRK), un fondo global de filantropía empresarial, esperaba conocer y entrevistar a los tres cofundadores: Bill Draper, Robin Richards Donohoe y Rob Kaplan (que llamaba por teléfono desde Dallas). En cambio, la pequeña oficina estaba abarrotada de cinco voces: Bill, Robin, Rob, Jim Bildner, el socio gerente, y Christy Chin, socia en ese momento. Bill, Robin y Rob habían decidido que no querían ser entrevistados por su cuenta ni atribuirse el mérito del trabajo del equipo, ya que la cultura de DRK gira en torno a los demás.

En 1994, Robin era todavía una estudiante de Máster de Administración de Empresas en Stanford y Bill quedó impresionado por su liderazgo en una reunión universitaria. Tomaron un desayuno que duró cuatro horas y, al terminar, decidieron crear juntos una empresa de capital privado: una estudiante de veintiséis años con cuatro años de experiencia junto a uno de los primeros capitalistas de riesgo de Estados Unidos, que también había ocupado el segundo puesto más alto de la ONU como administrador del Programa de las Naciones Unidas para el Desarrollo. Bill describió su relación con su típica autocrítica: «Los polos opuestos se atraen. Por un lado está la juventud y la inteligencia (su lado) y, por otro, la edad y la experiencia».

Robin se quedó atónita cuando Bill le pidió que fuera su socia, y gratamente sorprendida por su humildad. Insistió en que se trataba de una asociación en igualdad de condiciones y que su nombre tendría la misma importancia. Cuando Robin trató de convencerle de lo contrario, porque creía que era demasiado joven y que él podría querer un socio más veterano, la respuesta de Bill fue: «¿Por qué dudas de ti misma? Eres mi socia y quiero tu nombre en la puerta». Este mismo espíritu llevó a Rob a unirse a la asociación más adelante.

Durante diecisiete años, Bill y Robin almorzaron juntos todos los días, un ritual que profundizó su relación. A Robin le impresionó enseguida la capacidad de Bill para escuchar con autenticidad a una joven de veintiséis años. También recuerda que aprendió una importante lección de él cuando se subió a un taxi y le preguntó al conductor: «¿De dónde es usted? ¿Qué es lo que le gusta hacer?». Bill intenta aprender de todo aquel que conoce.

La génesis de DRK comenzó en 2001, cuando, tras muchos años de dirigir con éxito su empresa de capital privado Draper Richards, Bill y Robin decidieron crear lo que se convertiría en DRK, un fondo centrado en el apoyo a emprendedores de impacto social y medioambiental en fase inicial, fundado muy por delante de su tiempo, antes de que la inversión de impacto se hiciera popular. En 2010 se les unió Robert Kaplan, que era profesor de liderazgo en Harvard y que más tarde fue presidente y consejero delegado del Banco de la Reserva Federal de Dallas. La asociación va ahora por su tercer fondo, este de 65 millones de dólares, dedicado a emprendedores con potencial para cambiar el mundo a mejor.

Los miembros del equipo de DRK proceden de todo tipo de orígenes. Han creado estructuras para aprovechar sus diferencias y domar sus egos, lo que ha dado lugar a un ejemplo extraordinario de lugar de trabajo altamente colaborativo. «Cuando tocamos, lo hacemos como un concierto sinfónico», dicen los socios, «porque de nuestro ADN hemos sacado una variedad de componentes para que no compitan entre sí; compiten en *cómo puedo hacer que mi vida sea útil para los demás»*. Desde el principio, han puesto en su centro el sentido de estar siempre juntos, compartiendo tanto el fracaso como el éxito. También han creado las estructuras de incentivos adecuadas, sustituyendo las recompensas basadas en el beneficio a corto plazo por las vinculadas al impacto compartido a largo plazo. Eliminar el enfoque sobre los incentivos individuales retorcidos que promueven el ego anima a los miembros del equipo a hacer todo lo posible para apoyar a sus emprendedores sociales desde un lugar de humildad compartida.

Su impacto se mide en las vidas atendidas por su cartera, a lo que se refieren como su «familia». A lo largo de los años, DRK ha ayudado a poner en marcha organizaciones como Room to Read, Kiva, Education SuperHighway y One Acre Fund, todas ellas ahora empresas sociales multimillonarias que impulsan un cambio significativo en el mundo.

Robin, Bill y Rob enviaron un claro mensaje de humildad en todo lo que hacen al incorporar a sus colegas a la entrevista. La humildad compartida y coherente en la forma de acercarnos a los demás, a las diferentes culturas, al medioambiente y a los diferentes sistemas de creencias es fundamental para generar conexiones profundas.

He aquí **cinco principios** que te ayudarán a integrar la humildad en tus relaciones y en tu vida.

No hagas suposiciones. DRK trata de servir a los demás, no de los currículums del equipo. Tienen un compromiso compartido con el bien que está libre de suposiciones restrictivas sobre quién puede añadir valor y quién no.

La humildad compartida en una asociación empieza por dejar de lado las suposiciones que puedas tener sobre tu socio y llegar a cada conversación con la mente abierta y dispuesta a aprender. También es una habilidad importante que debes aprender para asegurarte de no perder una relación que podría cambiar tu vida.

Entiende tus limitaciones. Andy Kuper y Jim Roth, fundador y cofundador de LeapFrog Investments, que invierte en empresas que prestan servicios financieros y de atención sanitaria a las familias con bajos ingresos, creen que, cuando se tiene una idea atrevida, es imposible hacerlo solo. Hay que hacerlo con «la flotilla de cocapitanes».

Si necesitas un recordatorio fácil, no hay mejor manera de entender tus limitaciones que salir a la calle y mirar las estrellas, ir a las altas montañas o bucear en el vasto océano. La naturaleza es el verdadero gran ecualizador, que nos mantiene humildes y con los pies en la tierra, haciéndonos ver lo insignificantes que son algunos de nuestros arrebatos de ego. La naturaleza también puede enseñarnos el poder de la colectividad y empujarnos hacia algo más grande. Como dijo Amory Lovins, cofundador del RMI (Rocky Mountain Institute): «Yo diría que todo lo aprendemos de la naturaleza. ¿Dónde más se podría aprender algo?».

Valora la diversidad. Celebrar la diversidad en lugar de temerla es fundamental para compartir la humildad. Esto se aplica no solo a las diferentes culturas, sino también a todo tipo de diversidad, desde la raza hasta el género, la orientación sexual o las opiniones políticas. Curiosamente, muchos de los socios de éxito con los que hemos hablado han superado grandes diferencias. Estas diferencias les hicieron aún más fuertes juntos.

Ayuda, no controles. El sentido de la humildad en todas las asociaciones se vio favorecido por su enfoque en algo más grande y por la constatación de que estamos para ayudar a nuestros socios y nuestro objetivo, no para controlarlos. Como mencionó Paul Bennett acerca de su matrimonio con Jim: «Creo que uno de los mejores subproductos de nuestra relación es que mi ego ha desaparecido de forma muy saludable. Siento que estoy disponible en esta relación. Siento que estoy al servicio de mi trabajo».

Dejar de lado la propiedad total, tener que ser quien manda, te permite centrarte más en el impacto y en el bienestar de tu pareja. Un «algo más grande» y atrevido pone en jaque cualquier ego que pueda interponerse en la visión más amplia. Como dijo Andy, de LeapFrog Investments: «¿Qué pasa con los próximos cien millones de personas? ¿Qué pasa con los próximos mil millones de personas a las que podríamos llegar y cuyas vidas podríamos impactar?».

Lord Hastings, miembro de la Cámara de los Lores del Reino Unido, y su amiga Gloria Abramoff, a la que conoció y con la que trabajó en la BBC durante muchos años, pasaron gran parte del tiempo de la entrevista elogiándose generosamente. «Hemos superado el mundo de los controles, los dictados y las órdenes», dijo Lord Hastings. «Estamos en un mundo de conversación, colaboración y asociación. ¿Cómo podemos hacerlo mejor juntos? Aportando lo mejor de todas las habilidades y talentos que podamos encontrar, en lugar de ser yo el único que conoce la única manera de hacer esto».

Nadie lo hace solo. En 2018 visité el Museo del Apartheid en Johannesburgo (Sudáfrica) para una celebración del que habría sido el centenario de Nelson Mandela. Gran parte del debate y de la celebración tuvieron lugar en una sala que llevaba el nombre de George Bizos. George fue uno de los renombrados abogados que defendió a Mandela y a otros héroes de la lucha contra el apartheid en el famoso Proceso de Rivonia en 1963-64. Posteriormente se convirtió en una figura jurídica fundamental que luchó por muchos de los líderes del Congreso Nacional Africano. Bizos fue un querido amigo y compañero de Mandela, del arzobispo Tutu y de muchos otros.

Tuvimos la suerte de que George, que entonces tenía noventa años, estuviera con nosotros esa noche en el museo. Tras un emotivo concierto del Soweto Gospel Choir, me acerqué nerviosamente a él para agradecerle todo lo que había hecho para acabar con el apartheid.

Se volvió hacia mí con un brillo en los ojos y simplemente me dijo: «Nadie lo hace solo».

Quinta virtud: Promover la generosidad, dar libremente

En su libro *Dar y Recibir*, el profesor de Wharton Adam Grant demostró que los tomadores, que se centran en el interés propio, pueden ganar a corto plazo, pero la gente se cansa de darles constantemente. Son los generosos, siempre y cuando se protejan de la explotación, los que tienen mejores perspectivas de éxito y felicidad a largo plazo.

La generosidad fue una virtud fundamental en el ecosistema de las más de sesenta asociaciones de éxito con las que hablé. Ninguna de las asociaciones se basaba en una relación desigual de tomadores. Por el contrario, la enorme generosidad creó un ecosistema mutuamente beneficioso de entrega equilibrada. Los individuos de estas asociaciones encontraron un ritmo de generosidad que los nutría a todos, basado en la sabiduría de que siempre se recibe más de lo que se da.

A las siete y cuarenta y cinco de la tarde del 3 de marzo de 2017, los célebres conservacionistas Dereck Joubert y su esposa, Beverly, caminaban por su campamento en el delta del Okavango de Botsuana, preparándose para celebrar el cumpleaños de Dereck, que casualmente coincide con el Día Mundial de la Vida Silvestre. Después de todo un día de rodaje en la selva africana, les apetecía pasar una noche relajada juntos.

Giraron la cabeza cuando un resoplido procedente de la oscuridad les llamó la atención. En cuestión de segundos, antes de que pudieran comprender lo que acababan de oír, Dereck y Beverly fueron embestidos por un búfalo de El Cabo. Tras embestir a Dereck, rompiéndole varias costillas, el búfalo golpeó con uno de sus cuernos a Beverly, empalándola por debajo del brazo, penetrando en su pulmón y continuando por su garganta.

De repente, Beverly fue arrastrada por el búfalo hacia fuera del campamento. Dereck se esforzó por levantarse y perseguirlos. Consiguió darle una patada al búfalo bajo la pata derecha y, cuando este sacudió la cabeza en respuesta, Beverly fue arrojada al suelo. Dereck corrió hacia Beverly, pero antes de llegar a ella, el búfalo volvió a cargar. Instintivamente, Dereck corrió hacia el búfalo, colocándose entre al animal y Beverly en un esfuerzo por protegerla. Fue arrollado, añadiendo un hueso pélvico roto a sus costillas fracturadas.

Sin embargo, tras ese segundo golpe, el búfalo se retiró a la oscuridad. Una vez que regresaron con dificultad al campamento, Dereck envió un mensaje de socorro, consiguió analgésicos para Beverly (y para él) y empezó a prestarle los primeros auxilios para estabilizarla mientras esperaba la llegada de los servicios de emergencia. Varias horas más tarde, cuando Beverly empezó a darse cuenta de la magnitud de sus heridas, le pidió amablemente a Dereck que dejara la medicación: quería estar totalmente consciente si tenía que despedirse de él.

Había perdido casi dos litros y medio de sangre cuando la asistencia médica llegó a ellos al amanecer. Once horas después del incidente, llegaron sanos y salvos al hospital más cercano tras el vuelo a Sudáfrica. Fue una experiencia increíble y desgarradora, y tuvieron suerte de haber sobrevivido.

Dos años antes del accidente, Dereck me había dicho que la generosidad desinteresada jugaba un papel importante en su relación: «Si le ocurriera algo a Beverly, yo la salvaría primero». No sabía que un búfalo de El Cabo le daría la oportunidad de hacer justo eso.

Afortunadamente, la mayoría de nosotros nunca tendrá que llegar al extremo de arrojar nuestro cuerpo entre nuestras parejas y los cuernos de la muerte para mostrar generosidad. Todo lo que se requiere es un esfuerzo continuo para encontrar formas de ser útiles a los demás. Lo único que tenemos que hacer es sentir alegría al ser generoso.

He aquí **cinco formas** de poner en práctica la generosidad.

Tarjetas de puntuación de la gratitud. La gratitud es una hermosa expresión de generosidad. Es fundamental para una relación duradera y una vida sana.

Jacki y Greg Zehner, antiguos ejecutivos de Goldman Sachs que se marcharon para crear una fundación en favor de la justicia social, tienen tarjetas de puntuación de la gratitud; no son tarjetas de puntuación como tal, sino una competición para ver quién puede ser más generoso y agradecido con el otro. Cuando practicamos la exploración del mundo desde la gratitud, agradeciendo e inspirando a los demás en lugar de criticar, infundimos generosidad en todas nuestras acciones.

La mayoría de las asociaciones que entrevisté tienen rituales para asegurarse de que nunca se dan por sentados y de que expresan su gratitud por el mundo que les rodea. Los hermanos y cofundadores de Life is Good, Bert y John Jacobs, me contaron cómo, cuando eran niños, su madre les pedía cada noche en la mesa familiar que fueran agradecidos: «Dime algo bueno que haya pasado hoy». Muchos de los otros socios compartían cada día con los demás algo por lo que estaban agradecidos. Es una forma maravillosa de empezar el día y cambiar el punto de vista a uno de gratitud por todo lo que te rodea.

Compartir la fortuna. Muchas de las asociaciones empresariales que he estudiado han construido cuidadosamente estructuras basadas en la generosidad para compartir la prosperidad con todos los miembros de la empresa. «Cada persona de la empresa tiene una participación», me dijo Sangu Delle (a quien conociste en el segundo capítulo). «Todos forman parte de un acuerdo de reparto de beneficios que hacemos a final de año. Todo el mundo, desde la recepcionista hasta el guardia de seguridad, pasando por el chico que limpia las ventanas, porque fundamentalmente nuestro objetivo es que podamos crear una situación en la que haya prosperidad compartida y que no solo se acumule en la cima».

La fortuna compartida no tiene por qué medirse simplemente como una ganancia económica. También puede expresarse compartiendo una oportunidad o dando la bienvenida a alguien a tu círculo de amigos.

Compartir la gloria. La gloria compartida multiplica el sentimiento de generosidad y te permite celebrar tus conexiones profundas. ¿Recuerdas cómo Sherry siempre compartió el reconocimiento por descubrir el impacto de los CFC en la capa de ozono con Mario, lo que llevó a ambos a ganar el Premio Nobel? Del mismo modo, sería difícil encontrar algún artículo en los medios de comunicación sobre Detroit Vegan Soul que no incluyera a las dos fundadoras de la empresa, Erika y Kirsten. Están muy atentas para asegurarse de que ambas tengan la oportunidad de ser la cara pública de su exitoso negocio. Pero la gloria compartida no siempre tiene que venir en forma de un gran premio o un artículo en portada. Las pequeñas y frecuentes afirmaciones ayudan a fomentar el respeto y la confianza mutua. Por el contrario, negarse a compartir la gloria puede hacer que una relación se destruya, como se verá en el capítulo seis.

Altruismo extremo. Una investigación de la Fundación John Templeton descubrió que la generosidad tiene sus raíces en nuestra biología e historia evolutiva. Dereck y Beverly compartieron conmigo una hermosa perspectiva sobre la generosidad que habían obtenido al observar una manada de elefantes. Cuando se percibía una amenaza de peligro, las hembras de la manada se adelantaban rápida y deliberadamente a los demás elefantes para protegerlos. «Era la forma más básica de altruismo», explica Beverly.

«Las hembras de la manada enviaban un mensaje muy contundente, generoso y protector: "Tómame a mí primero y salva a los demás". Este tipo de altruismo extremo debería avergonzarnos como humanos y como cultura egocéntrica».

Yo no, nosotros. Muchos de nosotros estamos tan centrados en la creencia de la separación y el individualismo que nos hemos olvidado en gran medida de cuidarnos unos a otros con espíritu de generosidad. Como dijo maravillosamente Jo Confino: «Hemos creado una sociedad avariciosa». Continuó compartiendo que necesitamos cambiar esto a «no sobre mí, sino sobre nosotros». Recordaremos estos tiempos de individualismo, de capitalismo de accionistas, de racismo sistémico y de enorme desigualdad como uno de los mayores actos colectivos de egoísmo que ha conocido el mundo.

Estar al cien por cien y darlo todo es el acto más importante de generosidad. Ser generoso con tu tiempo, contigo mismo y con los demás puede ser un acto de compasión que te dé la oportunidad de construir una profundidad de comprensión y empatía que nunca podrías realizar por tu cuenta.

Sexta virtud: Empatía compasiva, acción de amor

Imagina que te sacan de tu casa mientras cortas el césped y te obligan a meterte en un coche de policía. Imagina que un agente de policía te dice que no importa que no hayas cometido el delito. Eres culpable porque eres negro.

Imagínate que te meten en una celda de la cárcel y que piensas que toda esta noche se acabará pronto porque seguramente alguien corregirá este malentendido.

Imagínate entonces que te meten en una celda de 1,5 metros en el corredor de la muerte, sin ninguna prueba en tu contra.

Ahora, imagina permanecer en esa celda durante veintiocho años.

Esta es la historia de Anthony Ray Hinton. Fue condenado injustamente por los asesinatos en 1985 de dos gerentes de restaurantes de comida rápida en Birmingham (Alabama).

A las nueve y media de la mañana del 3 de abril de 2015, Ray salió de la cárcel, su condena fue completamente anulada y se retiraron todos los cargos contra él. Después de casi tres décadas, salió de la cárcel como un hombre inocente. Ray sobrevivió a esta horrible experiencia en gran parte gracias a dos conexiones profundas. Lester Bailey, su mejor amigo de la infancia, condujo más de 400 kilómetros en cada sentido cada semana durante veintiocho años para visitar a Ray en prisión. El otro fue su abogado y amigo, Bryan Stevenson, fundador de Equal Justice Initiative, que durante más de dieciséis años trabajó incansablemente para demostrar la inocencia de Ray y conseguir finalmente que fuera liberado.

La suya es una historia de empatía compasiva en toda regla.

Cuando pensamos en la empatía, creemos que es la capacidad de ponerse en el lugar del otro, un intento de comprender la realidad emocional de alguien y cómo se siente. Esto puede ser abusivo, como ser un *voyeur* del sufrimiento de otra persona.

La empatía compasiva va más allá. No es solo ponerse en su lugar, es ir a su lado de forma respetuosa y equitativa y ayudar a aliviar su sufrimiento. La empatía compasiva significa emprender una acción amable, proporcionando un apoyo guiado por la persona que tiene el problema y sabe lo que necesita. El psicólogo de Stanford Jamil Zaki se refiere a esto como preocupación empática. «La empatía es un término general que engloba al menos tres formas de conectar con las emociones de los demás», explica. Continúa describiendo tres tipos diferentes de empatía: «La empatía emocional, que consiste en captar indirectamente los sentimientos de otra persona. La empatía cognitiva, que es el intento de entender lo que otra persona siente y por qué. Y la preocupación o compasión empática, la motivación para mejorar el bienestar de los demás».

Lester y Ray eran amigos desde que empezaron a caminar. Lo hacían todo juntos. Después de la detención de Ray, Lester podría haber llamado a Ray un par de veces a la semana para decirle lo mucho que lo sentía y seguir con su vida. En lugar de eso, conducía diez horas cada semana para asegurarse de que estaba allí para Ray, apoyándole con amor y gracia.

Durante catorce años tras su injusta detención, Ray no pudo obtener la ayuda legal que necesitaba para demostrar su inocencia. Bryan fue a verle a la cárcel tras recibir una llamada de Ray en 1999. «Me causó una gran impresión», dijo Bryan. «Reflexivo, sincero, genuino, compasivo, divertido..., era fácil querer ayudar a Anthony Ray Hinton». Bryan podría haber sentido simplemente el dolor de Ray y haberse alejado, dejando que Ray muriera en el corredor de la muerte. No lo hizo. Bryan actuó con amor todos los días durante seis años para demostrar la inocencia de Ray.

A su vez, Ray sentía una empatía compasiva constante por lo que estaban pasando Bryan y Lester. Se refiere a ello como «treinta años dentro y treinta años fuera», para destacar su dolor compartido. Ray se preocupaba constantemente por las amenazas de muerte y los ataques que ambos sufrían por estar a su lado, le preocupaba que Bryan trabajara demasiado y que Lester se enfadara si se enteraba de que habían rechazado otra apelación. Hizo todo lo que pudo para ayudar a minimizar su sufrimiento, consolando a Bryan y Lester cuando recibían malas noticias sobre su caso. Incluso utilizó el humor para levantarles el ánimo cuando su propio corazón se rompía.

Incluso en su inimaginable dolor por estar injustamente encarcelado en el corredor de la muerte, Ray vivió con una empatía compasiva que impregnaba todas sus relaciones, desde los guardias que lo mantenían cautivo hasta sus compañeros de prisión. Incluso encontró la forma de empatizar con Henry Francis Hays, un conocido miembro del Ku Klux Klan que había linchado brutalmente a un joven negro de 19 años en 1981.

Ray y Henry se conocieron por primera vez a través de un club de lectura que Ray había iniciado en la biblioteca jurídica del centro penitenciario de Holman. Ray no sabía quién era Henry cuando se unió por primera vez al grupo íntimo, pero pronto descubrió sus antecedentes. Ray y los demás miembros del club de lectura decidieron no continuar con la cadena de odio y, en su lugar, practicar la empatía compasiva. «Todo el mundo sabía que Henry se sentía avergonzado, y aquí estábamos nosotros, cinco hombres negros del sur tratando de consolar al hombre blanco que sería conocido para siempre por haber realizado el último linchamiento de un chico negro».

Ray aprendió de Henry que su madre, su padre y todos en su familia le habían enseñado a odiar a los negros desde el día en que nació. Además, Henry había soportado durante toda su vida crueles palizas a manos de su padre. «Toda su vida le enseñaron a odiar y me sentí mal por él porque su madre y su padre no le querían lo suficiente como para mostrarle amor», dijo Ray. «Pensé: "tengo tanto amor dado por mi madre que realmente creo que podría dárselo a todo el mundo". Empecé a hablar con él y a tratar de desprogramarlo para mostrarle que no era diferente a él».

Los dos hombres profundizaron en su relación a través de sus conversaciones sinceras durante las reuniones del club de lectura. Ray actuó con amor al no juzgar nunca a Henry, al escuchar con autenticidad y comprender por qué se había convertido en una persona tan llena de odio y violencia. El amor compasivo de Ray transformó a Henry. Justo antes de su ejecución, compartió que las mismas personas a las que le habían enseñado a odiar fueron las que le enseñaron a amar.

La empatía compasiva comienza con la escucha profunda, la comprensión y la acción amorosa. Como dijo Jo Confino, «comprender es amar». Sin embargo, en el mundo actual, en el que siempre estamos conectados, a menudo no tenemos tiempo para escuchar y comprender realmente a los demás, y mucho menos para actuar para aliviar el sufrimiento. Las grietas en una relación surgen cuando las personas se sienten no escuchadas, incomprendidas, ignoradas o abandonadas en su dolor. Construir una empatía compasiva en todas tus relaciones requiere trabajo.

En este libro se describen **cinco formas** en las que las relaciones exitosas fortalecieron esta virtud en sus vidas.

Dejar de juzgar. Azim (a quien conociste en el capítulo tres) podría haber caído fácilmente en una espiral de odio, venganza y amargura después de que su único hijo, Tariq, fuera disparado por Tony, el nieto de Ples, aquella noche de enero de 1995. Pero no lo hizo. Tenía una gran empatía compasiva que perdonó a Tony y no lo juzgó. Comprendió que no era culpa de este chico de catorce años; era culpa de la sociedad que puso a Tony en esa situación.

Cuando Tony salió de la cárcel, unos veinticuatro años después, Azim y su hija, Tasreen, lo acogieron sin juzgarlo y lo incorporaron al redil para trabajar en la Fundación Tariq Khamisa. «El mayor impedimento para la empatía, la compasión y el perdón es el juicio», dijo Azim. Dejar de juzgar te libera para leer y comprender de verdad a tu socio, y luego actuar al servicio con una empatía apasionada, como ha hecho con Tony.

Experiencias de proximidad. Bryan Stevenson habla a menudo de la importancia de la proximidad: acercarse a los demás de forma significativa para entenderse de verdad y comprender los problemas que tenemos que resolver juntos. Esto es importante para nuestras conexiones profundas por un par de razones. En primer lugar, la proximidad nos ayuda a comprender mejor la historia de nuestra pareja, dónde creció, cuáles fueron sus luchas, a qué injusticias se enfrentó, cuándo fue más feliz, etc. En segundo lugar, la proximidad nos ayuda a comprender mejor la diferencia que intentamos marcar con nuestro «algo más grande». Cuando caminamos junto a las personas que están en primera línea de los problemas que intentamos resolver, estamos lo suficientemente cerca como para escuchar sus respuestas y soluciones.

Permiso para ser vulnerable. La empatía compasiva solo puede profundizarse si se crea el espacio seguro adecuado para que la gente sea vulnerable. No se trata solo de comprender el dolor de otra persona, sino de tener el valor de compartir y conocer el propio. Tu vulnerabilidad permite a tu pareja ser vulnerable. «Es la gente que tiene el valor de tocar su dolor y hacerlo de una manera que abre el corazón de los demás, es literalmente como un diapasón», compartió Jo Confino. «Si estas preparado para mostrar tu propia vulnerabilidad, lo que haces es dar permiso a otras personas para que sean vulnerables».

Soy muy consciente de lo difícil que es ser vulnerable en el trabajo. Mi padre, que quería proteger a su hija en la zona de guerra que pueden ser las empresas estadounidenses, me decía constantemente: «Como mujer, no puedes llorar y no puedes mostrar ninguna vulnerabilidad, ya que no te tomarán en serio». Me convertí en una experta en morderme la lengua, en mantener la calma y en esconder mis sentimientos hasta que un día estaba haciendo el balance en uno de los peldaños superiores de la escalera corporativa. Rompí a llorar en una reunión del consejo de administración delante del presidente de la empresa.

En una reunión con el presidente al día siguiente, estaba tan avergonzada por mi arrebato emocional que tenía mi carta de dimisión lista para entregársela. Pero él hizo algo inesperado. Abrió su corazón y me contó una anécdota sobre una época en la que era director general de una empresa que se encontraba en una grave disputa legal. Un imponente grupo de abogados le interrogó durante todo el día. La presión era tan intensa que, en un momento dado, en medio de las difíciles preguntas que le lanzaban desde todos los lados, rompió a llorar delante de todo el grupo.

Esta historia honesta y vulnerable que compartió fue un gran regalo para mí. Me dio permiso para ser vulnerable y verlo como una fortaleza que abre las puertas a conexiones más profundas. Aliviada de mi vergüenza, rompí mi carta de dimisión.

Paciencia urgente. Ninguno de los socios que entrevisté había dominado todas las virtudes con un chasquido de dedos. Hay que trabajar duro, tener paciencia y estar abierto a permitir que el otro cometa errores. También hace falta una empatía compasiva para entender que el cambio no es fácil. Junto con un sentido de urgencia por querer ayudar a los demás a ser la mejor versión posible de ellos mismos, hay que dejar espacio a la paciencia, ya que cada persona evoluciona a su propio ritmo.

La paciencia urgente ligada a tu «algo más grande» puede significar tomar medidas inmediatas para cambiar un sistema roto y al mismo tiempo tener la paciencia para llevarlo a cabo. Bryan la ha tenido a raudales durante su lucha de toda la vida por cambiar el sistema de justicia penal en Estados Unidos y a lo largo de sus dieciséis años de lucha por Ray. Otras veces, esa urgencia se traduce en la necesidad inmediata de aliviar el sufrimiento de alguien y en la paciencia de acompañarle mientras sale de su dolor.

La libertad a través del entendimiento compartido. En 2018, viajé con Ray, Lester y The Elders a Sudáfrica para celebrar lo que habría sido el centenario de Mandela. Hicimos un viaje muy movido en barco desde Ciudad del Cabo hasta la isla Robben para visitar la prisión donde Mandela y muchos otros presos políticos fueron encarcelados durante décadas.

Nuestro guía turístico, Thulani Mabaso, nos recibió en el muelle cuando bajamos del barco y atravesamos lo que ahora era una acogedora puerta de entrada a la isla. Thulani había vivido un trance diferente en 1985, cuando fue llevado a la isla como preso político, donde permaneció y fue brutalmente torturado durante los siguientes seis años.

Cuando llegamos a la pequeña celda de unos 5 m² en la que Mandela estaba cautivo, con solo una fina estera para protegerse del frío suelo de cemento, Ray no pudo soportar entrar en ella (comprensiblemente). Thulani sintió el dolor de Ray y le agarró del brazo, y los dos salieron juntos al patio. Mientras los observaba abrazados junto al pequeño jardín que Mandela y otros habían plantado hace muchos años, pude sentir la empatía compasiva entre estos dos grandes hombres. Una conexión significativa que ayudó a liberar a ambos de una inimaginable experiencia compartida.

5

Momentos magnéticos

Cuarto grado de conexión

Nuestra asociación es fluida. No es inestable.
No es difícil. Es fluida. A veces fluye hacia abajo,
pero nos las arreglamos para volver a levantarnos.

—Tony Hawk, presidente de Tony Hawk Inc.
y fundador del Proyecto Skatepark

Stephen O. Andersen había estado esperando el momento adecuado. Era el final de un largo día de negociaciones sobre el ozono en París cuando Stephen apartó a la delegación rusa. El Dr. Ya. T. Shatrov, el científico principal de la delegación rusa, había desempeñado un papel fundamental en el programa espacial soviético, al igual que muchos otros presentes ese día. El programa espacial era una fuente de enorme orgullo para el país.

Stephen procedió a relatar las numerosas contribuciones científicas de Rusia, no solo al Protocolo de Montreal, sino al avance de la comprensión mundial del espacio. Después, entregó al grupo un recuerdo: una colección de sellos postales soviéticos que conmemoran la primera exploración espacial soviética, que Stephen había encontrado años antes cuando estaba buscando en un mercadillo. Los rusos se sintieron profundamente conmovidos por su generosidad; muchos de los científicos tenían lágrimas en los ojos. Resultó que los sellos, aunque no eran especialmente valiosos, habrían sido imposibles de obtener por los rusos. Entonces, los científicos empezaron a describir cómo habían contribuido al programa espacial. Estaban orgullosos y agradecidos. Siguieron conectados y, años más tarde, los científicos rusos trabajaron con Stephen para documentar lo alarmados que estaban cuando la investigación soviética confirmó la hipótesis de Sherry y Mario.

A Stephen le encantaba hacer regalos bien pensados y de gran significado a los miembros de la comunidad. Conocía instintivamente la importancia de la conexión en las negociaciones efectivas, y sabía cómo fomentar los momentos de significado y calidez creados cuidadosamente, que a menudo se convertían en risas. A veces, tras un largo día, los negociadores de todo el mundo se reunían en el bar del hotel después de la cena para desconectar de la ajetreada jornada y olvidar lo lejos que estaban de casa. Una noche, con motivo del cumpleaños de alguien, Stephen recorrió la mesa y pidió a cada persona que cantara el cumpleaños feliz en su propio idioma.

De forma rutinaria, reconocía públicamente a las personas por su buen trabajo, identificando y celebrando a los «Campeones del Ozono» por hacer algo extraordinario. A lo largo de los años, en nombre de la EPA, entregó cientos de premios a la protección del ozono estratosférico y del clima, describiendo lo que el logro de alguien significaba para él personalmente y disfrutando del impacto alegre que tendría en el grupo. Bromeó diciendo que realmente estaba en el «negocio de los premios». «En realidad es contagioso», dijo. «Una vez que la gente se ve como un héroe del ozono estratosférico, es más probable que trabaje en algún otro problema en su empresa porque también sería lo correcto, y sabrían que no es imposible. Y, si ayudas a la gente a hacer el bien, lo harán más veces».

Otra práctica de Stephen consistía en invitar a los cónyuges y otros miembros de la familia a las conferencias y recepciones para introducirlos en la historia compartida de la comunidad. Dijo que el impacto le sorprendió incluso a él. «Intenté humanizar el proceso», dijo. «Me di cuenta de que estos cónyuges a menudo no tenían ni idea de lo que su pareja había hecho. Pero sufrían por las exigencias de su tiempo». Así que Stephen dedicó tiempo a hablar con las parejas, convirtiéndolas en aliadas de la causa y fomentando el orgullo familiar por lo que se había conseguido. Así, un momento magnético llevó a otro.

Mostafa, Stephen y las demás personas que siguieron la estela de Mario y Sherry empezaron a construir una comunidad de conexiones profundas y amistades que cambian el mundo, dejando de lado sus intereses individuales para construir una épica colaboración global en nombre de la humanidad y el planeta. Aunque Mostafa era el gran maestro, Stephen trabajaba a menudo entre bastidores, con la energía y la determinación que le caracterizan, manteniendo a los participantes en el camino y fomentando la colaboración.

Mostafa y Stephen también tenían sus propios rituales, dedicando tiempo a debatir juntos las mejores soluciones y enfoques. A veces, el debate podía ser acalorado, ya que a menudo partían de dos perspectivas muy diferentes, pero siempre salían con una solución mejor que la que podrían haber creado por sí solos.

Al igual que Stephen, Mostafa comprendía profundamente la importancia de crear una cultura de la amistad, y también era un maestro en la creación de momentos magnéticos para profundizar en la conexión, especialmente vinculados a la creación de espacios relajados para la comunicación honesta. Mostafa creía que «las relaciones sociales informales constituían la base del éxito en negociaciones de tratados». Buscaba constantemente oportunidades para reunir a las personas adecuadas en la sala y crear un espacio en el que pudieran entender las perspectivas de los demás. Las largas negociaciones estaban salpicadas de momentos de asombro cuando la comunidad empezaba a entender mejor la evolución de los datos científicos y la enormidad de lo que estaban trabajando. Estos rituales de curiosidad e innovación fueron la columna vertebral de la aplicación, ya que la industria, los científicos, los gobiernos y las organizaciones sin ánimo de lucro trabajaron conjuntamente para crear nuevas soluciones que sustituyeran a los CFC.

Décadas después de la firma y puesta en práctica del Protocolo de Montreal, los momentos magnéticos cuidadosamente elaborados siguen causando asombro en la comunidad del ozono. «Había un pulso en la sala, algún tipo de vibración», dijo el profesor Kevin Noone, meteorólogo químico de la Universidad de Estocolmo, al recordar una reunión de la comunidad del ozono años después. «Tenía que ver con las relaciones. Era un poco como cuando ves las competiciones de *snowboard* y todos se chocan los cinco... avanzan ayudándose mutuamente en vez de compitiendo».

A medida que surgía una innovación tras otra, estos momentos de éxito se convirtieron en el combustible para avanzar hacia el objetivo común de los negociadores y les permitieron sortear muchos baches en el camino.

Tradiciones, rituales y prácticas

El 18 de julio de 2007, Nelson Mandela celebró su octogésimo noveno cumpleaños con el lanzamiento de The Elders, una cooperativa con el objetivo común de abordar problemas globales difíciles. Se le unieron los líderes que él y su esposa, Graça, habían seleccionado aquella mañana de octubre de 2006 en su casa, incluidos el arzobispo Tutu, el expresidente de Estados Unidos Jimmy Carter, el exsecretario general de la ONU Kofi Annan y la expresidenta de Irlanda Mary Robinson. La ceremonia de fundación tuvo lugar en Constitution Hill en Johannesburgo (Sudáfrica), donde muchos héroes de la lucha contra el apartheid fueron encarcelados durante el apogeo del gobierno sudafricano del apartheid. El músico Peter Gabriel hizo llorar a la multitud al cerrar la ceremonia con su canción *Biko*, dedicada al héroe antiapartheid Steve Biko, asesinado por el brutal régimen del apartheid en 1977.

Recuerdo que estaba de pie junto al escenario, disfrutando del momento, y pensando: «¡Lo hemos conseguido! Hemos lanzado esta increíble cooperativa al mundo. El trabajo duro está hecho».

No lo estaba.

Gran parte de mi vida he creído erróneamente que las relaciones deberían formarse espontáneamente, sin necesidad de esfuerzo ni planificación. Como te habrás dado cuenta a estas alturas, esto no es así. La conexión profunda no es un regalo concedido por el universo. Requiere lo que llamo momentos magnéticos. Son experiencias intencionadas que permiten a las personas estar presentes juntas. Los momentos magnéticos dan espacio para que florezcan la espontaneidad y el asombro. Su creación requiere reflexión, planificación y esfuerzo, pero merece la pena por la forma en que aumentan la profundidad y el significado de las conexiones que se establecen.

Mostafa y Stephen planificaron cuidadosamente momentos magnéticos que se produjeron de forma constante, incluida una reunión anual en la que todos los miembros de la comunidad del ozono se reunían en persona y creaban un ambiente familiar que ha prevalecido desde entonces durante décadas. Los momentos magnéticos adoptan la forma de rituales, tradiciones y prácticas diarias. Profundizan el asombro y el amor en las relaciones. Desde los Carter reuniéndose cada tarde en el balcón Truman de la Casa Blanca para hablar sobre su día, a Anthony Ray Hinton y Lester Bailey yendo juntos al barbero todos los sábados, a Richard Branson y Peter Gabriel echándose agua el uno al otro cada vez que se tomaban demasiado en serio hasta Azim y Ples plantando un árbol con los alumnos en cada escuela donde comparten su historia, vemos momentos magnéticos en las historias de todas las grandes asociaciones.

Como veremos, los momentos magnéticos se dividen en cuatro categorías clave: alegría y juego, curiosidad y asombro, espacio para la comunicación honesta y tiempo con una comunidad de apoyo. Son magnéticos porque básicamente nos acercan, profundizan nuestros vínculos y nos ayudan a mantenernos conectados sin atarnos.

Antes de llegar a Virgin Unite, había trabajado en empresas emergentes, y el ritmo frenético de esa vida empujó la alegría al final de mi lista de prioridades. Al principio, creé una agenda para las reuniones de The Elders en la que todo el mundo trabajaba desde las ocho de la mañana hasta la cena a las seis de la tarde, un horario que consideraba un uso eficiente del tiempo de todos. Richard Branson se apresuró a destrozar mi propuesta de horario, interrumpiendo las sesiones de trabajo a la hora del almuerzo para que la gente pudiera jugar junta por las tardes, un ritual que hemos mantenido durante los últimos quince años. Tenía razón. Las conexiones profundas que cambian el mundo y que duran toda la vida, el verdadero propósito de estos encuentros, no surgen de las sesiones de la mañana, sino de esas relajadas tardes de juego, de esos momentos magnéticos. Hay un viejo dicho: «Se aprende más sobre una persona en una hora de juego que en un año de conversación».

Estos momentos se convierten en el libro de cuentos de vuestra historia compartida, en las páginas que vuelves a consultar una y otra vez para recordar por qué quieres a alguien. Son marcapáginas de esos momentos de alegría que te hacen reír a carcajadas, las veces en las que un momento juntos cambió profundamente vuestras vidas para siempre, las páginas que están vivas con algo más grande que se extendió a las historias de muchas otras personas. A menudo también tienen algún tipo de manifestación física que sirve de recordatorio de esos momentos y de su conexión con los demás. Independientemente de la forma que adopten, estos momentos magnéticos profundizan la conexión y aumentan la comprensión compartida. Es decir, crean la energía que refuerza tu ecosistema de virtudes,

eleva a las personas por encima del drama, crea continui-
dad y aviva constantemente el fuego para mantener viva
una conexión profunda.

Fue en mi entrevista con Richard Reed, cofundador de
Innocent Drinks, cuando esta idea cristalizó. Esa empresa
se dedica a los rituales de conexión llenos de alegría.

Un movimiento de la ceja

Cuando eran estudiantes de la Universidad de Cambridge
a principios de los años 90, Richard Reed, Adam Balon y
Jon Wright compartieron su amor por la vida nocturna.
Después de graduarse, empezaron carreras separadas, pero
se aferraron al sueño de crear un negocio juntos. En un
viaje de *snowboard* en 1998, soñaron con un negocio de
batidos de frutas naturales.

Richard, Adam y Jon invirtieron seis meses y 500 libras en crear una serie de brebajes afrutados que pudieran
vender en un festival de música en Londres. Para obtener
opiniones sobre sus batidos, colocaron dos cubos de basura en su puesto: uno con un cartel que decía «sí» y otro
con un «no». Los clientes debían tirar sus vasos vacíos en
la papelera del «sí» si les gustaba tanto el batido que pensaban que los tres amigos debían dejar sus trabajos y montar
un negocio de batidos de frutas. Si los batidos no supera-
ban la prueba de sabor, se les pedía que tiraran los vasos a
la papelera del «no». Al final del festival, el contenedor del
«sí» estaba desbordado y el «no» solo contenía tres tazas.
Así nació Innocent Drinks.

Los tres cofundadores crearon su empresa basándose
en su compromiso con la bondad (ingredientes puros, sanos

y naturales) y con el propósito social. En un momento dado, donaban casi la mitad de sus beneficios a la caridad. Cuando se dieron cuenta de que esto los llevaría a bancarrota, lo cambiaron al 10 %. Crearon una empresa de gran éxito que también ha donado más de 10 millones de libras a buenas causas.

Richard, Adam y Jon admiten que nunca habrían creado Innocent Drinks sin los demás, sobre todo al principio, cuando luchaban por encontrar inversores y se encontraban con una puerta cerrada tras otra. Fue una época brutal, pero, cuando uno de los tres amigos tenía un mal día, los otros dos podían animarlo. Jon era el «gurú de las operaciones»; Adam, «el señor comercial», y Richard era «marca, marca, marca».

Desde el principio, Richard, Adam y Jon estaban obsesionados con asegurarse de que el éxito de la empresa fuera un deporte de equipo. Establecieron todo tipo de rituales, tradiciones y prácticas para renovar continuamente su amistad y construir una fuerte comunidad entre su personal y sus clientes.

Una de estas prácticas es la garantía de zumo a domicilio. Si un cliente cree que un zumo de naranja Innocent no es lo suficientemente fresco, alguien de la empresa se desplazará a su casa y exprimirá zumo de naranja fresco *in situ*.

Otro ritual importante para la empresa es su reunión trimestral fuera de las instalaciones. Al principio, estas reuniones se celebraban en el pub del final de la calle. A medida que la empresa fue teniendo más éxito, trasladaron la reunión a fines de semana en la naturaleza por toda Europa, desde Salzburgo hasta Ibiza. Estos relajantes fines de semana de trabajo en equipo incluían temáticas como la de disfrazarse imitando la Desert Island Disco. También organizaron AGM (A Grown-Up Meeting) en su sede de Fruity Towers para que sus clientes bebieran batidos, comieran tarta e hicieran preguntas. A mayor escala, organizaron Fruitstocks, que acabó convirtiéndose en el Innocent Unplugged, un festival acústico para que la gente se relacionara entre sí a través de actividades como el yoga, las raves de baile matutinas y las visitas al bosque de Fergus the Forager.

Los rituales de Innocent han creado conexiones duraderas y significativas entre sus empleados y con sus clientes. En 2003, iniciaron una tradición anual llamada Big Knit. Se anima a personas de todo el Reino Unido a tejer pequeños tapones para las tapas de las botellas de Innocent Drinks y a enviarlos por correo a la empresa. Innocent los coloca en las botellas antes de distribuirlas por todo el Reino Unido. Cuando alguien compra una botella con gorro, Innocent dona 25 peniques a Age UK, una organización benéfica que apoya a las personas mayores. Desde el inicio de la tradición, miles de voluntarios han tejido más de 7,5 millones de minigorros, recaudando más de 2,5 millones de libras para Age UK y, lo que es igual de importante, construyendo una comunidad increíble y conectada.

Los momentos magnéticos de Innocent no eran todo juego y entretenimiento. Richard, Jon y Adam creían en crear un espacio para momentos más serios de conversaciones sinceras. Un ritual duradero, una reunión que los fundadores llamaban el CEO Show, tenía lugar todos los lunes por la tarde. Pasaban los primeros treinta minutos poniéndose al día unos con otros. Durante los noventa restantes, cualquier persona de la empresa que necesitara una opinión sobre una decisión podía venir y reunirse con ellos directamente. Richard, Adam y Jon también iniciaron reuniones mensuales de todo el equipo para compartir de forma transparente lo que ocurría en la empresa.

Los tres fundadores tenían una práctica común de comunicación que les obligaba a mantener una conversación entre ellos y acordar un enfoque compartido para cualquier decisión importante en la empresa. Uno de sus inversores mencionó que eran los más lentos en tomar decisiones de todas las empresas en las que había invertido. Pero también eran los que tomaban las decisiones más acertadas, porque eran tres los cerebros que aportaban soluciones, en lugar de uno solo. Cuando Richard, Jon y Adam tenían que tomar decisiones materiales, se reunían, dejaban sus egos en la puerta, mantenían conversaciones muy sinceras y se turnaban para hacer de abogados del diablo, de modo que podían ver las opciones desde todos los puntos de vista. Su objetivo era asegurarse de lo que era correcto para la empresa antes de llegar a un acuerdo. Esta práctica de toma de decisiones compartida y el vínculo de confianza entre ellos hicieron que la empresa fuera muy eficiente, con menos tiempo perdido tanto en decisiones equivocadas como en discusiones destructivas.

Finalmente, en 2013, los tres fundadores decidieron que Innocent Drinks contaba con un gran equipo y que podía seguir volando sin ellos. En su último día, el trío se subió a una pequeña lancha en el canal junto a su oficina y se dirigieron lentamente al pub. Ese día, mientras bebían sus cervezas, decidieron crear una empresa de inversión. Conforme a sus principios de asociación, JamJar rara vez invierte en particulares. En su lugar, la empresa se centra, siempre y cuando sea posible, en socios que se reúnen en torno a una idea. Buscan empresas que funcionen como reuniones en torno a una hoguera, donde cada socio alimenta el fuego con su propia contribución.

Después de casi treinta años de colaboración mutua, de múltiples negocios exitosos y de muchos momentos de alegría, Adam, Richard y Jon siguen siendo mejores amigos, aquellas personas a las que llamas primero, y que, después de innumerables momentos magnéticos, se conocen tan bien que, como dijo Richard, «puedes saber solo por el movimiento de una ceja lo que realmente están pensando».

En este punto, probablemente te estés diciendo a ti mismo: «Me encantaría tener momentos así, pero ¿cómo los creo, y encima con un horario regular?». La mayoría de las veces se requiere una planificación cuidadosa y disciplina para crear ese espacio en medio de todas las exigencias de la vida. Más allá de eso, he descubierto que hay **cuatro categorías** que son útiles para crear tus propios momentos magnéticos.

La alegría y el ocio: un recurso ilimitado

A pesar de sus muchos éxitos profesionales, nunca me pareció que ninguna de las personas que aparecen en este libro se tomara a sí misma muy en serio. Pero sí descubrí que muchos se toman en serio la alegría y el ocio, y que lo integran en todas sus prácticas cotidianas. En la mayoría de estas asociaciones, los momentos frecuentes de alegría son la norma. Alivian la tensión, alimentan la vulnerabilidad y fomentan una forma de ser que genera confianza, respeto y amor.

Hay una alegría inherente simplemente en forjar conexiones profundas. Como escribe la experta en conciencia plena Susan Piver: «La alegría de la conexión, ya sea con una persona, un animal, una flor, una idea o una sensación, es la más profunda de todas las alegrías». La alegría no se puede fabricar, pero sí se puede integrar en tu relación a través de los momentos magnéticos que creas, y a su vez, puede crear recuerdos que reconfortan nuestro corazón continuamente.

Jo Confino, a quien conociste en el capítulo cuatro, cree que el ocio alegre es fundamental para todo lo que hacemos: «Se consigue mucho más cuando estás de broma, cuando estás alegre, cuando estás tranquilo», dijo. «De ahí surge la creatividad, de ahí surge la gracia, de ahí surge la comunidad. De ahí vienen las conexiones, de ahí viene la colaboración». Jo también habló de lo importante que es mantener la alegría incluso cuando se está en un lugar de dolor o cuando alguien comete un error. Esto da a los demás una oportunidad de volver a un lugar de alegría desde donde sea que hayan acabado. He visto a Jo hacer esto muchas veces. La alegría es una práctica diaria para él. Hace un chiste para aliviar un momento de tensión o anima a alguien con palabras amables después de que haya cometido un terrible error. Jo utiliza la alegría para animar a los demás a avanzar en lugar de juzgarlos, castigarlos y hacerlos retroceder. Así lo hizo durante nuestra entrevista, cuando el director se pasó veinte minutos lidiando con un problema de la batería. En lugar de enfadarse, Jo le gastó una broma al equipo de vídeo cuando volvieron con la claqueta. «Paz y Jo, toma tres», dijo el director.

«¿Por qué no Jo y Paz?», dijo Jo. «Estoy furioso». Entonces se echó a reír.

Cuando Richard Branson y Peter Gabriel estaban construyendo The Elders, se tomaban su objetivo en serio, pero nunca a sí mismos. «Era mucho más divertido hacerlo con alguien», dijo Richard. «No creo que ninguno de los dos hubiera podido hacerlo solo. Teníamos un propósito final tan maravilloso que, si podíamos hacerlo realidad, íbamos a darlo todo».

La profunda conexión de Peter y Richard se basa en muchos años de amistad, con risas y frecuentes bromas. Peter es un músico extraordinario y un visionario lleno de grandes ideas. Richard es un empresario de éxito que se centra en hacer que las cosas sucedan o, como suelen decir, «Richard es el que dice "que le jodan, hagámoslo", y Peter es el soñador». A lo largo de los años, han respetado sus diferencias y han aportado una gran alegría a la vida del otro.

Esto quedó claro durante las reuniones de The Elders en Necker Island, cuando los dos amigos competían por enseñar a nadar al arzobispo Tutu. «La ideade Richard era simplemente empujarlo», bromeó Peter conmigo, «mientras que la mía era meterlo en un espacio de meditación, flotando con un esnórquel». Todavía discuten sobre quién jugó un papel más importante en la hazaña, pero no hay duda de que hubo muchas risas y alegría mientras el arzobispo aprendía a nadar.

Mick y Caskey Ebeling se conocieron hace treinta años, cuando tenían veinte. Eran completamente opuestos: él era militar y ella una «anarquista hippie». Se enamoraron, se casaron y, en 2009, cofundaron Not Impossible Labs, una empresa diseñada para cambiar el mundo mediante una potente mezcla de tecnología e historia. Bromean diciendo que, si no se hubieran conocido, ella estaría en algún lugar del monte sola haciendo meditación mientras él estaría en una oficina con traje y corbata.

En cambio, están creando una vida de alegría y «viviendo su verdad» juntos.

Mick y Caskey han creado un sinfín de momentos magnéticos para que «el ocio sea como respirar aire» en su sociedad y su familia. Algunos de estos momentos son espontáneos: «Somos como adolescentes, bailamos en la cocina delante de los niños. Nos asustamos y nos gastamos bromas», explica Mick. «Si no puedes hacer el tonto y reírte, no estás en la relación adecuada».

También han creado su propio vocabulario. Una frase que utilizan cuando alguien se toma demasiado en serio a sí mismo es «dotysofus». Cuando escuché esta palabra por primera vez, visualicé algún sofá especial en su casa al que te desterraban cuando tu ego estaba fuera de control, pero me explicaron que era un apócope en inglés de una frase que se podría traducir como «No te tomes a ti mismo tan jodidamente en serio». Otra frase que utilizan para recordarse a sí mismos que deben vivir en la aventura y hacer una pausa para recordar su buena suerte es MVP, que significa «mejor vida posible». Para asegurarse de que están viviendo su MVP, tienen una cita todos los jueves, un ritual para «mantener los pies en la tierra» que los mantiene conectados en medio del caos del trabajo y la crianza de tres hijos.

Para quienes rehúyen de las tonterías, la alegría puede venir de los rituales centrados en experiencias y propósitos compartidos. Los rituales del presidente y Rosalynn Carter se basaban en las aficiones que les proporcionaban alegría. Se tomaron el tiempo necesario para conocer las pasiones del otro, como el esquí, la pesca con mosca y el senderismo. Vi este último ritual en acción en cada reunión de The Elders. Si me levantaba sobre las seis de la mañana y salía a correr, a menudo veía a los dos con más de noventa años subiendo con facilidad las colinas, uno al lado del otro, con guardias de seguridad agotados que intentaban desesperadamente seguirles el ritmo.

El poeta Ross Gay nos recuerda que la alegría no es solo ocio y felicidad. En su ensayo *Joy Is Such a Human Madness*, Gay plantea una pregunta en verso: «Solo digo, ¿y si unimos nuestras penas? / Digo: ¿Y si eso es la alegría?». Quizá compartir momentos de profundo dolor con los demás nos ayude a ser humanos y sea su propia forma de alegría.

Curiosidad y asombro

«Sería un universo realmente vacío», escribió Stephen Hawking, «si no fuera por las personas que amo, y que me aman. Sin ellos, la maravilla de todo esto se perdería para mí».

Los momentos magnéticos que despiertan la curiosidad e inspiran el asombro hacen de la vida un aula gigante. La curiosidad mantiene vivas las asociaciones en un estado constante de emoción y flujo. Estos momentos nos mantienen asombrados por nuestros compañeros y por el mundo en general.

Un tema común que se encuentra en muchos rituales de curiosidad es el énfasis en preguntar y escuchar por encima de hablar y tener razón. Por ejemplo, Caskey y Mick valoran la ingenuidad porque les lleva a encontrar juntos la respuesta a sus problemas en lugar de idear soluciones inferiores y premeditadas. Acostumbran a empezar cada debate con una pregunta.

Caskey y Mick extendieron este pensamiento a su empresa, Not Impossible Labs, introduciendo un ritual para fomentar la innovación y la curiosidad. Cada vez que inician un nuevo proyecto, reúnen a socios que tienen poco que ver entre sí para abordar problemas que otros dicen que no se pueden resolver. Se fomentan y celebran las preguntas e ideas ingenuas. Por ejemplo, nadie pensaba que las personas sordas pudieran experimentar realmente la música en directo más allá de sentir los bajos, hasta que nació Music Not Impossible. Reunieron a personas sordas con científicos, músicos y diseñadores para crear una solución portátil que traduce los instrumentos individuales de una canción en vibraciones que el melómano sordo siente en puntos específicos de su cuerpo. De este modo, una persona sorda puede sentir la música con precisión. En otras palabras, ¡han descubierto cómo utilizar la piel como tímpano!

También es importante contar con rituales que despierten la curiosidad cuando algo va mal. Andrew Maxwell Mangino y Kanya Balakrishna, cofundadores de Future Project, celebran un fin de semana de la Cumbre de los Sueños intensivo de cuarenta y ocho horas, desde el viernes por la noche hasta el domingo por la noche, diseñado para crear una nueva sensación de posibilidad y reimaginar el camino cuando se produce un problema en el camino hacia su visión. Crean una experiencia, llena de magia y sorpresa, para que sea algo del futuro en lo que puedan pensar. Durante el fin de semana, siempre enmarcan las preguntas con un auténtico sentido de curiosidad positiva en lugar de culpa y aprovechan la oportunidad para volver a centrarse en la visión y el compromiso finales que dieron lugar al proyecto en primer lugar. Otras empresas, como Innocent Drinks y Planet, tienen tradiciones anuales para reunirse y revisar lo que funcionó y lo que no el año anterior, y para dejar espacio para soñar y preguntarse sobre el año siguiente.

Ingrid Rowland me contó que su padre, Sherry, siempre se dejó llevar por su curiosidad: «Solo quería salir a la oscuridad y arrojar luz sobre las cosas complicadas». Esta curiosidad lo mantuvo humilde y conectado con su compañero, Mario, cuando intentaban averiguar qué convencería a la gente sobre los peligros de la disminución de la capa de ozono, y con sus estudiantes cuando exploraban diferentes intereses científicos. También lo mantuvo conectado con su mujer, Joan, cuando exploraban la ópera, los mejores pasos de baile al ritmo de la música de Frank Sinatra y la maravilla del otro durante casi sesenta años.

Muchas de las otras asociaciones que exploramos también tienen rituales de asombro vinculados a la naturaleza. A las hermanas Severn y Sarika Cullis-Suzuki les gusta decir que crecieron con tres padres: su padre, David Suzuki, su madre, Tara Elizabeth Cullis, y la madre naturaleza. Durante más de treinta años, las hermanas han permanecido conectadas gracias a su objetivo de utilizar la ciencia y la defensa para proteger el mundo natural.

Para la familia Cullis-Suzuki, la naturaleza es el centro de sus rituales familiares. Creen que no hay mejor lugar para despertar la curiosidad y el asombro. Casi todas las anécdotas que Severn y Sarika me contaron estaban relacionadas con una tradición que la familia había cultivado durante generaciones, sobre todo cuando se trataba de recolectar alimentos juntos gracias a la generosidad de la naturaleza (algo que la mayoría de la gente que vive en zonas urbanas ya ni siquiera piensa en probar). Los veranos los pasaban juntos nadando, recogiendo conchas, pescando y compartiendo todo lo pescado cocinado en la hoguera. Estos rituales veraniegos creaban momentos de curiosidad y fluidez. Les enseñaron la importancia de detenerse y maravillarse con la naturaleza y con los demás. Severn y Sarika nos recuerdan que los rituales del ocio, la curiosidad y el asombro tienen un papel importante en la formación de los recuerdos de las generaciones venideras. Estos alegres momentos magnéticos mantienen unida a la familia, construyendo una historia compartida y manteniéndola con los pies en la tierra.

La naturaleza también ha sido fundamental en la vida del activista medioambiental Stewart Brand. En 1966, lideró una campaña para conseguir que la NASA publicara su foto satelital de la Tierra vista desde el espacio. Esa imagen cambió la forma en que entendemos nuestro destino compartido entre nosotros y con el planeta. Durante cuarenta años, Stewart, ahora presidente de la Fundación Long Now, se ha asociado con su esposa, Ryan Phelan, directora ejecutiva de Revive & Restore. Su relación gira en torno a la curiosidad, el asombro y las preguntas que suscitan una reflexión a largo plazo sobre cómo vivir en armonía con el mundo natural. Los dos son también cocapitanes y tienen su hogar en un remolcador de madera de 1912 llamado *Mirene*, amarrado en Sausalito (California).

Nos han dicho casi toda la vida que ser capaces de «terminar las frases del otro» es signo de una buena relación. Stewart lo ve de otra manera: «No puedo terminar sus frases, y espero que ella no pueda terminar las mías, al menos no la mayoría».

Stewart y Ryan mantienen su vida ordenada. Esto se ve facilitado por el hecho de vivir en un barco de casi veinte metros. También reducen el tiempo dedicado a las actividades mundanas en la medida de lo posible; por ejemplo, contratando una limpiadora en cuanto pudieron permitírselo y manteniendo cuentas bancarias separadas para reducir el esfuerzo y los conflictos administrativos. Este enfoque minimalista les da libertad para explorar momentos de curiosidad y asombro. «Siempre le digo a la gente que ese es el secreto de nuestro matrimonio», explica Ryan. «El barco mantiene nuestras vidas sencillas y ordenadas».

Ambos desayunan juntos siempre que pueden, «reinventando el mundo» mientras toman una taza de café. A menudo, en estos desayunos se dedican a hablar de su proyecto conjunto, Revive & Restore, que pretende revivir especies extinguidas utilizando tecnología punta, un tema nada desdeñable con el que empezar el día. Los rituales de reinvención de Stewart y Ryan continúan a lo largo del día, ya que se desafían mutuamente a ser lo mejor de sí mismos, «atizando el fuego y diciendo que esto no es tan bueno como podría ser». Cada noche, se bañan juntos en una profunda bañera japonesa.

Comunicación honesta

Crear un espacio para que la gente se comunique de forma honesta y abierta es fundamental para establecer conexiones profundas. Lo vemos en la variedad de rituales y tradiciones de Innocent Drinks. Todas las asociaciones que hemos estudiado dedican tiempo a estar presentes juntos, a hablar de los problemas, a compartir los sueños y las penas, a celebrarse mutuamente y a darse información sincera. «La comunicación es la base de todo», dice Peter Gabriel. «Si te reprimes, estás jodido».

Jo Confino y su esposa, la artista Paz Perlman, son un ejemplo vivo de comunicación honesta. Ambos tienen una vida muy ajetreada, pero entienden que el amor no es suficiente: la pareja necesita cuidados y mantenimiento para mantenerse fuerte. Han creado una serie de rituales y prácticas diarias para mantenerse conectados y con los pies en la tierra. Lo más importante en su relación es estar ahí para el otro.

Para ayudarles a estar presentes, a ser vulnerables el uno con el otro, han establecido un ritual llamado charla de los viernes, que llevan practicando desde que se conocieron, hace más de catorce años. Sus raíces se encuentran en una práctica creada por el maestro zen Thich Nhat Hanh llamada Beginning Anew que los monjes utilizan regularmente. Todos los viernes, Jo y Paz van a un café y cada uno tiene tiempo para hablar de las cosas positivas que han sucedido esa semana, para expresar cualquier arrepentimiento y después para plantear cualquier cosa que les moleste o preocupe, todo ello con el corazón abierto y sin acusaciones. La otra persona practica la escucha profunda, sin interrupciones defensivas, y después intercambian los papeles. Esto ayuda a la pareja en varios frentes. A menudo, en las relaciones, los pequeños problemas o quejas se ocultan, pero se acumulan con el tiempo y se convierten en amargura y resentimiento, como las estalactitas y estalagmitas en una cueva, donde el goteo del agua acaba creando un monolito calcificado. Las charlas de los viernes también evitan las erupciones durante la semana cuando se produce un bache, ya que ambos saben que tienen un espacio formal para expresarse los viernes y, a menudo, el tiempo de por medio permite relativizar los asuntos.

Para ayudarse mutuamente a alcanzar sus aspiraciones, Jo y Paz crearon un libro de sueños, en el que registran anualmente sus sueños individuales y compartidos, y luego trabajan juntos para hacerlos realidad. Esto les da el espacio para crear una vida compartida de posibilidades y profundiza su comprensión de lo que es importante en sus vidas. A partir de esa colaboración continua, se dieron cuenta de la profundidad de su amor compartido por el arte, Paz con las técnicas mixtas, la escultura y la impresión de monotipos y Jo con su fotografía y aprovecharon la oportunidad para realizar exposiciones conjuntas en Nueva York. Una de las exposiciones se llamó *Call & Response*, en la que eligieron parejas de obras que hablaban la una de la otra.

Durante su estancia en Nueva York, también ayudaron a fundar y moderar una comunidad zen que se reunía semanalmente; incluía meditación caminando y sentada, así como un profundo intercambio. La práctica del budismo zen ha sido fundamental para su vida y su enfoque de pareja, y ha dado lugar a una tradición anual de ir de retiro a Plum Village, el monasterio de Thich Nhat Hahn en el suroeste de Francia. De hecho, en 2020 compraron una casa a pocos minutos a pie del monasterio, y durante lo peor de la pandemia de la COVID-19, ayudaron a los monjes a dirigir retiros y talleres por Internet para ayudar a aliviar el sufrimiento de las personas.

Casi todos los rituales de Jo y Paz, según me explicaron, tienen que ver con la vida cotidiana. Juntos se centran en estar ahí para el otro. «No somos una pareja perfecta», dice Jo. «No intentamos ser una inspiración para el mundo. Intentamos inspirarnos mutuamente».

El empresario y activista Sangu Delle llama a la comunicación continua, abierta y transparente «alimento para la sociedad». Fundó Golden Palm Investments para crear un crecimiento económico tangible en el continente africano invirtiendo en empresas tecnológicas. Sus hermanos, Banguu y Edmund, trabajan en colaboración con él. Su asociación ha funcionado a lo largo de los años porque se basa en la confianza y en un entendimiento compartido de que tienen sus mejores intereses comunes en el corazón, así como una visión clara de la transformación socioeconómica en África.

Los tres hermanos han reflexionado profundamente sobre las prácticas y rituales para abrir líneas de comunicación, minimizar los conflictos y crear momentos magnéticos. Por ejemplo, crearon un comité de inversiones independiente para eliminar los egos en la toma de decisiones. Cuando uno de los hermanos se siente apasionado por una inversión, el comité interviene para tomar la decisión final, reduciendo las fricciones entre ellos.

Algunos de sus rituales de comunicación comenzaron con su madre, que, bromea Sangu, es «nuestra directora general». Cuando eran niños, les decía que se miraran al espejo cada noche y se preguntaran: «¿Qué has conseguido hoy? ¿Cómo has ayudado a alguien?». Este ritual sigue influyendo en los hermanos hoy en día. Su madre siempre celebraba colectivamente sus éxitos individuales, pero también creía en el castigo compartido. Si un hermano hacía algo mal, todos sufrían el castigo, lo que les enseñaba a cuidarse mutuamente y a cubrirse las espaldas.

Los hermanos hablan todos los días por teléfono, pero también se aseguran de estar presentes el uno para el otro y para la empresa en los momentos más cruciales, un ritual telefónico que llaman Código 10. Cuando reciben un mensaje de texto con «Código 10», explica Sangu, «a menos que estén en medio de una reunión con Obama», lo dejan todo y se llaman inmediatamente.

Uno de estos incidentes del Código 10 ocurrió dos semanas antes de nuestra entrevista. Un conductor de la empresa de camiones a la que habían contratado sufrió un grave accidente y necesitó una intervención quirúrgica inmediata. A pesar de que era responsabilidad de la empresa de transportes, esta se negó a pagar la operación de trece mil dólares. Después de que uno de los hermanos enviara un Código 10 a los otros dos, se reunieron por teléfono y tomaron la decisión unánime de cubrir los costes para garantizar que el hombre pudiera volver a caminar.

Los hermanos Delle hacen un buen uso del teléfono para fomentar la conexión. La mayoría de la gente se siente cómoda con los mensajes de texto y el correo electrónico para mantenerse en contacto. Sin embargo, en lo que respecta a las videollamadas, no siempre ha sido así. Eso cambió casi de la noche a la mañana a principios de 2020, cuando la pandemia de la COVID-19 convirtió las llamadas por Zoom en la nueva norma. El vídeo es una forma estupenda de que las personas sigan conectadas cuando no pueden estar juntas en el mismo lugar. Todo tipo de celebraciones, como fiestas de cumpleaños, bodas, funerales e incluso citas románticas, se trasladaron al vídeo. Las conexiones en línea pueden ayudarnos a entablar nuevas relaciones, a estrechar lazos con los demás y a sentirnos queridos cuando alguien que nos importa se pone en contacto. Lo peligroso, por supuesto, es cuando la conexión virtual sustituye por completo a otras formas de conexión, separándote de los demás y conduciendo a una autoexpresión inauténtica. Depender demasiado de estas herramientas puede dificultar la construcción de relaciones profundas y significativas y distraerte de alimentar las relaciones que más significan.

Nada puede sustituir totalmente a la conexión en persona. Durante la mayor parte de sus más de cuatro décadas de amistad, los tres científicos que desvelaron el agujero de la capa de ozono, Jonathan, Joe y Brian (a quien conociste en el capítulo cuatro), tenían un maravilloso ritual llamado *smoko*, tomado de un término utilizado en la Segunda Guerra Mundial para describir una pausa para fumar. En los primeros años, el nombre se tomaba al pie de la letra, con Joe dando intensas caladas a su pipa, dejando a Brian y Jonathan tosiendo y balbuceando, aunque felizmente dispuestos a arriesgarse a la contaminación por humo por su inestimable tiempo de convivencia. Con el paso de los años, incluso después de jubilarse, siguieron reuniéndose con otros científicos del departamento a las diez y media todos los viernes, en una versión un poco más saludable con galletas y café en lugar de humo de pipa.

Comunidad

Los momentos magnéticos con tu comunidad ayudan a construir conexiones más fuertes con tu socio. Cada tapiz comunitario tiene diseños y texturas diferentes basados en las relaciones individuales y el papel que la comunidad desempeña en ellas. Los amigos, los cónyuges, los hijos, los vecinos, los compañeros de trabajo y la comunidad en general desempeñan un papel importante en el tapiz, tal y como vimos en la acogida de Stephen a las familias en la comunidad del ozono.

Todas las asociaciones necesitan ayuda, tanto en los buenos como en los malos momentos. Muchas de las personas con las que hablé se refirieron al viejo refrán africano: «Se necesita una aldea», no para criar a un niño, sino para asegurar que una asociación prospere. Jane Tewson, fundadora de Igniting Change, compartió algunas palabras de sabiduría del pastor que la casó con Charles Lane, su maravillosa pareja: «Va a ser muy duro para esta pareja. No penséis que va a ser fácil, y todos y cada uno de vosotros tenéis que estar ahí para apoyarlos en este viaje».

En su investigación sobre las zonas azules, el explorador de National Geographic y escritor Dan Buettner descubrió que una de las comunidades con muchos centenarios era Okinawa, en Japón. Uno de los secretos de la larga y saludable vida de los okinawenses era lo que llamaban «moais», grupos de cinco amigos que se comprometían a reunirse y apoyarse mutuamente durante el resto de sus vidas.

Los moais no se crean por casualidad. En japonés, la palabra significa «reunión con un propósito común». A las personas se les asigna un grupo en la infancia, y los miembros de cada grupo se apoyan mutuamente en sus intereses sociales, financieros, sanitarios y espirituales. Los moais se reúnen semanalmente, o incluso a diario. Son un bello ejemplo de cómo un ritual comunitario de toda la vida puede ayudar a fomentar y catalizar asociaciones duraderas y saludables.

Hay muchos otros rituales comunitarios que pueden fortalecer tus conexiones profundas, como reuniones culturales, clubes de lectura, tradiciones familiares y reuniones de intereses especiales o rituales formales como las reuniones del foro de YPO. YPO es una comunidad de directores ejecutivos de éxito estructurada en torno a reuniones de foros locales muy unidos que permiten a los miembros forjar relaciones profundas y de confianza. Los miembros de YPO se apoyan mutuamente en las situaciones personales y empresariales más difíciles. He escuchado una y otra vez a los miembros de la YPO decir que las reuniones del foro les dan la oportunidad de trabajar en los retos más difíciles y ganar perspectiva en un espacio seguro, lo que a veces salva sus negocios e incluso sus relaciones personales.

Para prosperar, las conexiones profundas necesitan rituales y tradiciones que conecten con comunidades más amplias. Los miembros de la comunidad pueden actuar como orientadores, asesores y testigos para hacernos responsables y recordarnos la importancia de nuestras asociaciones. Los momentos magnéticos con nuestra comunidad también pueden simplemente traer más alegría y amor a nuestras vidas, profundizando nuestras conexiones mutuas.

La familia Willis se ha dado cuenta de la importancia de las costumbres comunitarias durante generaciones. Los artistas Deborah Willis y su hijo, Hank Willis Thomas, están unidos por el amor y el arte. Los motivos magnéticos que los mantienen unidos comenzaron cuando Hank era un niño. Deborah reunía a su familia al teléfono para hablar durante una hora cada mañana y ponerse al día con las noticias. A Hank le gustaban tanto las historias que surgían de ese ritual diario que Deborah tenía que obligarle a salir por la puerta para ir al colegio.

Hank es el primero en reconocer que las virtudes que conforman su relación con su madre y su relación con su familia y comunidad en general también han conformado quién es él. «En realidad, no tengo más remedio que mantener esos valores», dice, «que son, con suerte, la dignidad, la honestidad, la confianza, el respeto, el amor propio y el amor por los demás. A veces, es una carga pesada. Pero hace la vida más fácil».

La comunidad es fundamental en la vida y el trabajo de Deborah y Hank. También creen que ha sido fundamental para la supervivencia de los afroamericanos. En su opinión, una de las formas en que el amor se manifestó en las familias negras del siglo xx fue a través del ritual de la fotografía. Hacer fotos se convirtió en una forma de preservación amorosa de la historia compartida, crucial en una comunidad que ha sido tratada injustamente y cuya narrativa cultural no ha sido debidamente compartida y celebrada.

La familia Willis tiene un ritual que se ha transmitido de generación en generación: una política de puertas abiertas. Todos los miembros de la comunidad son bienvenidos, siempre que vengan con amor. No es necesario que tengan las mismas opiniones ni que se parezcan a ellos: un corazón abierto y el amor son los factores determinantes. Este ritual fortalece su comunidad e incluso ha tenido beneficios inesperados para salvar vidas. Cuando Deborah tenía dieciséis años, tuvo una reacción alérgica a un medicamento. Para sobrevivir, necesitaba transfusiones de sangre del tipo 0 cada dos días. La ciudad no tenía suficiente sangre, así que la comunidad creó su propio banco de sangre, dando a Deborah la sangre que necesitaba para salvar su vida.

Este sentido de comunidad y los momentos de conexión estaban omnipresentes en la casa de la infancia del mundialmente conocido patinador Tony Hawk. Su madre también tenía un ritual de puertas abiertas, que animaba a patinadores de todo tipo a unirse a las cenas familiares. Ese espíritu de apertura y esos momentos durante la cena animaron a Tony a convertirse en el extraordinario deportista y empresario que es hoy. Siguiendo los pasos de su madre, ha creado una familia extendida con sus fans en la que se implica profunda y personalmente. Crea momentos magnéticos respondiendo a las peticiones de las redes sociales, publicando él mismo con frecuencia y donando millones de dólares para construir parques de patinaje en comunidades desfavorecidas.

La mayoría de nosotros pasará más de un tercio de su vida en el lugar de trabajo, por lo que es fundamental que ampliemos este sentido de comunidad y familia para abarcar a las personas con las que trabajamos y a las que servimos. Hemos visto algunos ejemplos de momentos de creación de comunidad con Innocent Drinks. La empresa mundial de diseño IDEO ofrece otros ejemplos.

En 1978, David Kelley y un grupo de amigos crearon una empresa para colaborar en proyectos significativos. Esa empresa acabó convirtiéndose en IDEO. Se han mantenido fieles a la filosofía inicial minimizando la jerarquía y creando un contrato social que hace hincapié en la colaboración y el apoyo mutuo. Tim Brown, antiguo director general y actual presidente de la empresa, habla del valor de los rituales para impulsar y reforzar constantemente la cultura de una empresa. He aquí algunos rituales de IDEO que crean una conexión y una comunidad más profundas:

- **La celebración del final del proyecto.** Se celebra a todos los participantes, lo que inspira una sensación de conexión y finalización.

- **El ritual de presumir modestamente.** Cuando alguien nuevo empieza en la empresa, el equipo le invita a compartir sus logros: «Sabemos que eres modesto, pero ve y presume».

- **El entrenamiento de tres minutos.** Todo el equipo de un departamento se pone cintas en la cabeza y hace un rápido entrenamiento en grupo.

- **Desbloquear las esperanzas y los temores.** Al comienzo de cada proyecto comparten tanto sus esperanzas como sus preocupaciones.

La comunidad laboral de Tim también incluye a su familia. Desde que Tim empezó a trabajar en IDEO hace más de treinta y cuatro años, él y su mujer, Gaynor, han eliminado por completo los límites entre el trabajo y la vida personal, convirtiendo IDEO en una parte fundamental del éxito de su relación. Gaynor no trabaja en IDEO, pero sigue siendo una parte crucial de la familia IDEO. La pareja incluso dice tener dos relaciones de treinta años: una entre ellos y la otra con IDEO.

Un momento magnético inimaginable

Los momentos magnéticos no solo profundizan las conexiones existentes. Tienen el poder de unir a personas con puntos de vista profundamente opuestos, creando un puente de respeto y atención a pesar de las auténticas diferencias. El ejemplo más extraordinario que he visto de esto fue la relación entre Bob Vander Plaats y Donna Red Wing. Por desgracia, nunca pude conocer a Donna antes de que falleciera, pero pasé tiempo aprendiendo sobre su amistad gracias a Bob.

En julio de 2014, la organización de Bob, The Family Leader, invitó a líderes políticos y religiosos de todo el país a Ames (Iowa) para su cumbre anual de Liderazgo Familiar. Donald Trump estaba allí y, para sorpresa de Bob, también estaba Donna Red Wing. Aunque no la conocía, sabía que Donna era la defensora más visible de los derechos LGTBQ en Iowa. La organización The Family Leader había pasado innumerables horas tratando de persuadir a los líderes nacionales para que se opusieran al matrimonio entre personas del mismo sexo. La Coalición Cristiana de América había llegado a calificar a Donna como «la mujer más peligrosa de América».

El día de la cumbre, durante una pausa entre los ponentes, Donna se presentó a Bob y le preguntó si estaría dispuesto a reunirse con ella para tomar un café en algún momento. Él aceptó cordialmente, aunque no esperaba que ella siguiera adelante. Entonces ella llamó a su oficina la semana siguiente para programar la reunión. Su personal estaba incrédulo. Bob y su equipo rezaron para que la reunión saliera bien. El plan era reunirse en la cafetería Smokey Row en Des Moines. Poco sabían entonces que ese momento magnético sería el inicio de un ritual que cambiaría la vida de ambos.

Durante el café, Donna explicó que esperaba que ambos pudieran mantener un diálogo civilizado a pesar de sus muchas diferencias. Aunque diferían en sus opiniones, creencias y visión del mundo, compartían la esperanza de poder aprender y llegar a entenderse, no de convencer al otro de que estaba equivocado. Ambos coincidieron en que para alcanzar ese nivel de discurso civilizado y de honestidad se necesitaría confianza. Al final, Bob lo llamó en broma «una buena primera cita».

«No empezamos hablando de los temas que nos dividen», dijo. «Empezamos hablando de su familia, de cómo creció, de cómo fue a una iglesia luterana, de cómo se casó, tuvo un hijo y luego un doloroso divorcio», dijo. Le habló a Bob de su pareja de toda la vida, Sumitra, y de su activismo. Bob habló de su mujer, Darla, y de sus cuatro hijos, y le regaló a Donna un ejemplar del libro que había escrito sobre la crianza de su hijo Lucas, que nació con un grave trastorno cerebral.

«Llegamos a conocernos como personas antes de empezar a hablar de problemas, nuestras intenciones o de cosas que dividen», dijo Bob.

Bob y Donna continuaron reuniéndose para tomar café en Smokey Row cada mes. Cada vez que sus sinceros debates empezaban a ser demasiado emotivos, aprendían a tomarse un respiro y a desviar la conversación. Los momentos que pasaban juntos estaban llenos de curiosidad bienintencionada por comprender mejor las perspectivas del otro. A medida que su relación se profundizaba, su ritual del café se convirtió en un lugar de gran alegría y aprendizaje para ambos. Bromean sobre su «fiesta de salida del armario» cuando un periodista se enteró de sus reuniones y escribió un artículo en primera plana sobre su amistad, animando a la gente a darse cuenta de que se puede estar en desacuerdo, pero no hay que odiar.

La conexión emocional entre ambos se hizo más profunda después de que el hijo de Donna fuera padre de un niño con problemas de desarrollo. «Enseguida hubo un vínculo más estrecho», dijo. «Fue a un nivel de persona a persona y no sobre lo que me define a mí y lo que te define a ti». Descubrieron que tenían cosas importantes en común, como la determinación de ayudar a acabar con el tráfico de personas. En aquel momento, Bob no tenía ni idea de que las personas LGTBQ eran un objetivo especial. «Me abrió los ojos cuando pudo contarme historias reales de personas LGTBQ que habían sido víctimas de la trata, y cómo se aprovechaban de esa comunidad», dijo. «Pude ver a un nivel más profundo». A través de muchas horas de conversación sincera, aprendieron a ver a través de los ojos del otro y a cubrirse las espaldas. No cambiaron sus propias creencias, pero aprendieron a conectarse en lugar de repelerse. Ambos se acogieron mutuamente en sus comunidades y juntos superaron la ira que a veces seguía a estas introducciones. Bob bromeaba diciendo que una vez, cuando Donna estaba en el hospital, él y su mujer fueron a visitarla e inmediatamente despejaron la habitación.

El día que el Tribunal Supremo declaró que las parejas del mismo sexo podían casarse en cualquier lugar del país, Donna estaba siendo entrevistada por una cadena de televisión local. Cuando se levantó para dejar su silla para irse del plató, se encontró con Bob, que iba a ser entrevistado para el mismo programa. Sus ojos se cruzaron y se abrazaron. Bob bromeó: «La próxima vez invitas tú al café». La reportera se maravilló: «Acabo de ver algo que nunca pensé que vería».

Después de cuatro años y muchos momentos magnéticos, Donna falleció tristemente el 16 de abril de 2018. Bob fue invitado por su comunidad a asistir a su funeral y pronunció un emotivo elogio para celebrar su extraordinaria amistad, compartiendo lo mucho que quería y apreciaba a Donna y cómo nunca sería el mismo gracias a ella.

Renuévate

Los momentos magnéticos crean un camino para mejorar tu capacidad de crecimiento a través de tus relaciones, pero es igualmente importante ser capaz de entender y cuidar de ti mismo. Como ya he mencionado anteriormente, el proverbio dice que el 95 % de las personas tratan de cambiar el mundo y solo el 5 % tratan de cambiarse a sí mismos. Si decides formar parte de ese 5 %, busca rituales y prácticas renovadoras que te funcionen. Te ayudarán a acercarte a tus relaciones con un corazón abierto y te darán la fuerza para hacer el trabajo duro necesario para construir conexiones profundas con los demás.

Los momentos magnéticos para conectar contigo mismo pueden aparecer en prácticas diarias como dar un paseo por la naturaleza, escribir en tu diario, dormir lo suficiente, meditar y comer de forma saludable. Otros momentos pueden producirse durante un viaje, cuando se aprende algo nuevo o cuando se afronta un reto físico como el senderismo. Dedicar tiempo a los momentos en los que se puede reflexionar para renovarse dará lugar a relaciones mucho más fuertes con los demás. Date espacio para practicar la autorreflexión y hacer cosas que te aporten alegría. Pasa más tiempo con tus amigos y tu familia. Muchas de las asociaciones con las que hablé me hablaron de momentos de agotamiento en sus vidas, en los que estaban tan centrados en el impacto, en el trabajo, en tratar de ser un buen socio que se perdían de vista a sí mismos. Destacaron la importancia de crear rituales y prácticas para corregir el rumbo y asegurarse de que pueden darse a sí mismos y a sus relaciones el amor, la atención y el tiempo que merecen.

Las prácticas diarias de gratitud ayudan a replantear la forma de vivir en el mundo. Cambia tu enfoque hacia «lo que es bueno», como hizo la madre de Bert y John Jacobs. Tómate tu tiempo para apreciar las maravillas del mundo que te rodean. En mi propia vida, mi marido y yo anotamos cada uno cinco cosas por las que estamos agradecidos cada día para compartirlo con los demás. Elegir cinco, en lugar de uno o dos, te obliga a pensar. Con el tiempo, una lista de agradecimiento te ayuda a apreciar todo y a todos los que te rodean. Ha sido sorprendente ver cómo una práctica tan sencilla ha profundizado de forma tan eficaz nuestra propia conexión.

Por supuesto, una de las formas más maravillosas de cuidarse es estar al servicio de los demás, centrándose en algo más grande que uno mismo. Dedicar tiempo a trabajar en tu comunidad local o a luchar por un tema que te apasione puede revitalizarte. Como dijo una vez Mahatma Gandhi: «La mejor manera de encontrarse a sí mismo es perderse en el servicio a los demás».

Arquitectura de los momentos magnéticos

Los momentos magnéticos, que se repiten a lo largo del tiempo, han contribuido a hacer de Innocent Drinks un éxito duradero. Han fortalecido todas las asociaciones que se comparten en este libro. Estos momentos se unen para crear una «historia de nosotros» y acercar a todas las personas de una asociación. Esto incluye pequeños momentos, como la práctica diaria de preparar a alguien una taza de té o compartir algo por lo que se está agradecido al final de cada día. He aquí algunas cosas que debes tener en cuenta a la hora de dar forma a tus propias prácticas, rituales y tradiciones para mantener a todos conectados:

- **Evoluciona siempre.** Los momentos magnéticos nunca son fijos. Evolucionan a medida que se profundiza la conexión. El esfuerzo consciente que crea resultados exitosos al principio de tu relación puede evolucionar hacia «la forma de hacer las cosas». Tendrás que dar nueva vida a tus rituales o prácticas introduciendo un giro innovador, como hizo Innocent al pasar del pub a los fines de semana en la naturaleza sin conexión a Internet.

- **Respeta la individualidad.** Tienes que dar a todos la misma oportunidad de expresarse y dejar espacio para un sano desacuerdo. Sé indulgente incluso con el lugar de encuentro para ayudar a que todos se sientan seguros y libres.

- **Comparte la propiedad.** Deja que todos trabajen juntos para crear momentos magnéticos en lugar de forzarlos. Cada socio debe tener un sentido de propiedad y pertenencia.

- **La consistencia es la clave.** Cuando los momentos magnéticos se producen con regularidad, ayudan a profundizar la conexión y a identificar posibles conflictos en la relación antes de que tengan la oportunidad de crecer hasta un tamaño inmanejable.

- **Asegura la amplitud.** Para aprovechar al máximo los momentos magnéticos, incorpora los cuatro elementos: alegría y ocio, curiosidad y asombro, comunicación honesta y comunidad.

Los momentos magnéticos ofrecen el espacio para alimentar tus conexiones profundas. Te permiten reír, gritar, llorar y simplemente estar juntos. Estos momentos también te dan la oportunidad de practicar la gratitud por el mundo que te rodea y apreciar mejor lo interconectados que estamos todos.

6

Celebrar la fricción

Quinto grado de conexión

*Nos alegramos cada vez que discrepamos,
porque sabemos que vamos a aprender algo
nuevo; va a crear algunas chispas.*

—BERTRAND PICCARD, cofundador de Solar Impulse

Lee Thomas, director de la Agencia de Protección Ambiental y principal negociador de Estados Unidos en Montreal, estaba desanimado tras un largo día de negociaciones con los representantes europeos. Tenía la sensación de que se estaban atascando en los conflictos y los debates no avanzaban. Hacia la medianoche, se enteró de que el negociador de la Comisión Europea, Laurens Jan Brinkhorst, se había ido a un bar con colegas.

Lee se dirigió al bar, se unió al grupo europeo y preguntó a Laurens si podían charlar con una cerveza. Aquella noche, en la jovialidad de un bar local, Lee y Laurens llegaron a un compromiso fundamental entre Estados Unidos y Europa que fue ratificado a la mañana siguiente a las ocho. Se quedaron con pocas horas de sueño, pero con una amistad más profunda.

Los participantes en el Protocolo de Montreal aprendieron una y otra vez que las amistades eran esenciales para mantener el rumbo de las conversaciones y desactivar los conflictos. Invirtieron mucho tiempo en crear la cultura adecuada para que las amistades florecieran y las mejores estructuras para que las fricciones ayudaran a crear mejores soluciones en lugar de destruir cualquier avance.

Stephen O. Andersen tenía una manera de evitar los conflictos antes de que se produjeran, prestando atención a quienes estuvieran en la sala para poder estructurar las reuniones de manera que se armonizaran los intereses. En primer lugar, nunca enviaba una invitación general, sino que empezaba por reclutar a los expertos con más talento, conocimientos e influencia en un tema determinado. Identificaba a estas personas basándose en una cuidadosa investigación, buscando en redes profesionales hasta que encontraba el conjunto adecuado de habilidades, la personalidad adecuada y personas abiertas a nuevas ideas. Evitaba a todo aquel que no fuera un jugador de equipo. Así se reducía el número de detractores y pesimistas en una reunión y se evitaba a las personas que podían ralentizar las cosas o envenenar el ambiente con negatividad. En su lugar, las reuniones reflejaban un sentimiento de optimismo y un deseo de hacer las cosas, sin dejar de dar espacio y respeto a opiniones muy diferentes.

En segundo lugar, antes de cualquier reunión importante, Stephen pasaba tiempo pensando en qué podría pasar y en las razones por las que alguien podría tener una opinión contraria. A continuación, estructuraba la reunión para asegurarse de que todos fueran escuchados y de que sus opiniones se tuvieran en cuenta. También se aseguraba de que todos tuvieran funciones y responsabilidades específicas en las reuniones y en los comités para evitar conflictos. Se trata de un planteamiento intencionado, basado en la ciencia medioambiental, técnica y económica.

En tercer lugar, establecía algunas normas para las reuniones (tanto para sus propios colegas de la EPA como para los demás): barandillas para mantenerlos en el buen camino y fuera de la espiral de negatividad. «Podéis venir a esta reunión», les decía a sus colegas, «pero si venís tenéis que seguir estas reglas: nada de referencias a cosas pasadas que haya hecho la empresa, nada de ideas negativas, nada de insultos, nada de enfados».

Por último, siempre tenía a la vista un camino para armonizar intereses y llegar a un acuerdo. Algunas noches, antes de una gran reunión, incluso soñaba con que la gente se pusiera de acuerdo.

Mostafa Tolba tenía sus propios enfoques para evitar que las fricciones estropearan las negociaciones, pero, al igual que Stephen, comenzó con la conexión y el debate honesto. Para movilizar a un colectivo tras un objetivo, Mostafa dejó a un lado con valentía su sombrero de diplomático y se convirtió en un filósofo, un visionario convincente que arrastró a la gente, casi como si la hipnotizara, con el propósito más importante del objetivo. Llevó a las partes clave a un espacio seguro y les pidió que dejaran a un lado su «manto de autoridad» y entraran en lo que Stephen describió como «instrucción del jurado», eliminando todos los prejuicios ligados a la identidad nacional. Esto les ayudó a enmarcar sus decisiones desde la perspectiva de ciudadanos globales que deciden lo que es correcto para la humanidad. El grupo llegaría entonces a una visión compartida y a un conjunto de soluciones.

Mostafa solía hacer preguntas respetuosas como: «¿Qué impide a Estados Unidos aceptar esta visión y conjunto de soluciones? ¿Qué tendría que cambiar para que esto funcione?». Un país tras otro analizaba juntos sus problemas y las posibles vías de solución. Cuando salían de la reunión privada, se ponían la capa de autoridad, y volvían a la mesa de negociaciones, esta vez con un mapa de los caminos hacia una solución en lugar de bloqueos.

Mostafa era auténtico. Sabía que ver otra perspectiva podía no cambiar su opinión, pero le ayudaba a entender cómo resolver el problema. Siempre buscaba una «tercera vía» de solución, reuniendo las mejores ideas de todas las partes para recorrer un camino a través de las diferentes perspectivas. A veces, Mostafa reunía grupos informales de diez a quince personas con posiciones opuestas y anunciaba que la reunión era privada: nadie debía tomar notas ni distribuir papeles, y la identidad de los participantes era confidencial. Se limitarían a hablar. Al hacerlo, la gente se comportaba como si estuviera liberada de sus obligaciones y se daban cuenta de la humanidad de todos los demás en la sala. «Poco a poco se convierten en amigos que trabajan por una causa común, aunque sea desde ángulos diferentes», dijo Mostafa.

Colaborar con alguien radicalmente diferente a ti puede dar lugar a cosas increíbles, y las negociaciones lo demostraban una y otra vez.

Stephen O. Andersen y Steve Lee-Bapty, un erudito negociador británico, eran tan diferentes como pueden serlo dos personas: uno, un estadounidense extravagante y optimista, y el otro, un personaje del tipo Winston Churchill.

«Nadie podía saber si éramos amigos o enemigos», dijo Stephen riéndose. A la gente le resultaba imposible imaginar cómo estos dos hombres radicalmente diferentes podían trabajar juntos con éxito. Por supuesto, lo utilizaron como ventaja en las negociaciones. Steve Lee-Bapty se había infiltrado entre los diplomáticos y Stephen estaba integrado en la comunidad técnica. «Él intentaba algo y, cuando no funcionaba, yo intentaba algo», dijo Stephen. «Ambos teníamos algo que dar y ambos teníamos algo que ganar del otro». Y al final, aprovecharon sus diferencias y lograron juntos cosas que ninguno de los dos podría haber hecho solo, construyendo una improbable amistad en el proceso.

La protección de la capa de ozono no ha sido un proceso fácil. Los delegados de los países a menudo estaban en desacuerdo y los representantes de los distintos sectores se negaban a ceder. Mostafa, Stephen y la comunidad se saltaron todos los obstáculos al estar constantemente abiertos a diversas perspectivas y poner en marcha enfoques productivos para gestionar los conflictos.

Ahora era el momento de actuar. No tenían tiempo que perder en dramas debilitantes.

Aprovechar la fricción

Incluso con un conjunto de momentos magnéticos perfectamente diseñados, la fricción es inevitable. El truco no es asumir la tarea imposible de intentar eliminarla, es aprovecharla para profundizar en la conexión.

Cuando empecé a entrevistar a los socios que se presentan en este libro, la gente me decía: «Tienes que encontrar el drama y escarbar en las peleas, las rupturas y el lado oscuro de las relaciones». En una entrevista tras otra, busqué las discusiones a gritos y los lanzamientos de platos, sin éxito. Los medios de comunicación y la industria del entretenimiento nos han programado tanto para pensar que el dramatismo y los conflictos son la norma que ya no nos preguntamos si realmente tiene que ser así.

Esto no quiere decir que estas historias de relaciones estén libres de conflictos. Estas personas no viven una vida Disney, ninguno de nosotros lo hace. Pero al centrarse en algo más grande, al adoptar un ecosistema de virtudes que trasciende la relación, al dar forma a los momentos magnéticos para mantenerlos en movimiento, han aprendido a manejar el conflicto con elegancia, lo que les permite canalizarlo para apoyarse mutuamente y trabajar por objetivos importantes. Es una bonita respuesta a la obsesión del mundo por el drama y el conflicto negativo.

Cuando tienen roces (que son inevitables), los ven como un momento para dar un paso atrás, escuchar y utilizarlos como un momento de aprendizaje, no como una oportunidad para señalar con el dedo. Enfocan las fricciones como las «chispas» del aprendizaje de algo nuevo, tal y como lo definen Bertrand y André, el resultado de la chispa de la diferencia que ayudará a cada socio a convertirse en su mejor yo.

Cuando investigaba sobre las relaciones que fracasan, descubrí que el drama suele estar alimentado por la incapacidad de las personas para abordar las fricciones como un momento de aprendizaje. En su lugar, lo convierten en un ataque personal digno de una respuesta dramática. El perdón también desempeña un papel crucial, ya que las personas suelen quedarse atascadas en las ofensas del pasado, abriendo las heridas una y otra vez y creando un ciclo de conflictos.

Que quede claro: no se trata de estar siempre de acuerdo con tu socio. Se trata de la forma en que se discrepa.

Rebecca Zucker, consultora de liderazgo y socia fundadora de Next Step Partners, relaciona nuestro enfoque de los desacuerdos con nuestra capacidad de crecimiento. «Las fricciones pueden ofrecer oportunidades para aprender, para dar un paso atrás y decir qué ha ido mal», dijo en una entrevista. «Tener una mentalidad de crecimiento significa dejar de lado tu ego y preguntarte: "¿cómo he contribuido a ese problema?". Un conflicto constructivo significa que no lo personalizas. Más bien, consideras que las ideas contrarias son compatibles». La clave para poder aceptar el conflicto es confiar plenamente en que tu pareja siempre tiene en cuenta tus intereses. «En una buena relación, se presuponen las buenas intenciones», dice. «Y evitas el drama».

John Gottman utiliza la metáfora de los cuatro jinetes del Apocalipsis para describir los cuatro factores: la crítica, la actitud defensiva, el desprecio y la obstrucción, que pueden indicar dificultades en una relación. Gottman y su equipo han observado y seguido a las parejas a lo largo del tiempo y han identificado lo que tienen en común las parejas exitosas y felices: se inclinan hacia lo positivo incluso en tiempos de conflicto. «Examinamos a las parejas a lo largo de toda su vida», dijo. «Les grabamos hablando de cómo les había ido el día o de una época de conflicto, por ejemplo, e incluso cuando no estaban de acuerdo, vimos que tenían cinco veces más emociones positivas que negativas cuando hablaban».

El modo en que abordamos y gestionamos los conflictos también se ve afectado por nuestro estilo de vida «siempre conectado», que reduce el tiempo y el espacio que dedicamos a resolver las diferencias y añade una capa de complejidad cuando la comunicación se produce a través de un dispositivo y no en persona. Cuando no somos capaces de ver las expresiones faciales o el lenguaje corporal de alguien, o cuando no podemos oír el tono de su voz, se produce una posible falta de comunicación, que puede avivar el conflicto. El aumento del perfeccionismo, que provoca un mayor miedo al fracaso, también puede provocar desacuerdos más frecuentes y poco saludables.

Saber utilizar nuestras relaciones como espacios seguros para crecer a partir de los fracasos y convertir las fricciones en momentos de aprendizaje nunca ha sido más importante para ayudarnos a navegar por una sociedad cada vez más dividida y temerosa. Tenemos que cultivar la humildad para darnos cuenta de que no tenemos todas las respuestas y que nuestros socios son algunos de nuestros mejores maestros y nuestro sistema de apoyo.

Las chispas

El 26 de julio de 2016, tras pasar 558 horas volando casi 42.000 kilómetros, André y Bertrand completaron con éxito el primer vuelo con energía solar en todo el mundo. Atribuyen su éxito a la profunda conexión que mantienen entre sí, una amistad forjada a lo largo de años de idas y vueltas mientras hacían realidad su sueño.

También son los primeros en admitir que su asociación no estuvo exenta de fricciones.

Una de las primeras pruebas de su relación fue el reconocimiento público desigual, cuando los medios de comunicación empezaron a llamar a Bertrand fundador de Solar Impulse, sin mencionar siquiera a André. Naturalmente, esto provocó algunas tensiones iniciales en su relación. En un momento dado, la situación se agravó hasta el punto de que la esposa de Bertrand, Michèle Piccard, le animó con cariño a que hiciera algo al respecto antes de que se rompiera la relación.

Ese fue el momento en el que Bertrand y André aprendieron a celebrar las fricciones y a quitarle hierro al conflicto. Se sentaron a conversar en privado y sin interrupciones —como lo han hecho muchas veces desde entonces a la menor señal de tensión— creando un espacio seguro en el que podían compartir honestamente sus sentimientos sin sentirse acusados. Con el tiempo se dieron cuenta de que la tensión entre ellos era un subproducto involuntario de las experiencias anteriores de Bertrand como orador y de su amor entusiasta por comunicar la visión. Se sentía cómodo siendo el centro de atención, ya que había dado más de dos mil discursos sobre su tradición familiar de exploración y su vuelo sin escalas alrededor del mundo, antes incluso de que Solar Impulse se pusiera en marcha, por lo que se convirtió en el portavoz de facto del esfuerzo. Nunca se preocupó de no compartir el mérito con André ni de eclipsarlo.

Juntos idearon una solución compartida que elevara a ambos y les diera el mismo reconocimiento público. André enseñó a Bertrand a ser piloto y Bertrand enseñó a André a ser orador. «El mismo día en que André recibió su primera ovación de pie como orador», recuerda Bertrand con una enorme sonrisa, «estaba haciendo mi primer vuelo de gran altura en Solar Impulse». Ahora son muy conscientes de que es responsabilidad de cada uno de ellos poner al otro en el candelero para asegurarse una parte justa del mérito. André bromea: «Ahora soy un poco más psiquiatra y él un poco más ingeniero».

Celebrar la fricción es intencionadamente el quinto grado de conexión, ya que los otros cuatro sientan las bases para pasar del drama compartido al aprendizaje compartido durante un conflicto. André y Bertrand lo dominaron dejando de lado sus egos, en gran parte porque su visión compartida de cambiar el mundo hacia la tecnología limpia era mucho mayor que cualquier conflicto insignificante que pudiera surgir entre ellos.

André y Bertrand se elevaron por encima de la competencia y el conflicto en parte convirtiéndose en espejos el uno del otro, comprobando constantemente sus egos. Bertrand explica que André le da una respuesta sincera y directa: «André me dice: "Bertrand, no lo entiendo, das tan buenos consejos en tus discursos y en tus libros, y ahora, en esta situación práctica, haces exactamente lo contrario y es muy malo, ¿qué ha pasado?". Y yo le digo: "Vale, gracias, tienes toda la razón"». No hay actitud defensiva ni enfado, simplemente la confianza nace de la constatación de que André tiene en mente los mejores intereses de Bertrand y que solo lo criticaría desde el amor.

El siguiente paso, lo que ellos llaman «las chispas», es la oportunidad de utilizar el conflicto para provocar la innovación. Basando la conversación en la curiosidad y la humildad, pasan a la lluvia de ideas para encontrar soluciones; ninguno de ellos intenta ganar, sino que ambos intentan encontrar una tercera vía que trascienda sus posiciones originales. Esto les ayuda a cortar el conflicto de raíz y a establecer una conexión más profunda entre ellos. «La combinación de nuestras experiencias crea una nueva visión del mundo en la que podemos avanzar», explicó Bertrand. «Nunca debemos ser los mismos después de una discusión; si no, significa que no hemos aprendido nada».

Ahora bien, la competencia es sana y no perjudicial. Es una oportunidad para mejorar. «He trabajado mucho con otras personas», dijo Bertrand, «pero nunca con nadie que fuera tan brillante como André. Cada vez que soy bueno en algo, él también lo es, así que tuve que esforzarme para ser mejor. El objetivo no es ser mejor que el otro y tener una competición, el objetivo es ser mejor de lo que éramos antes».

Doce enfoques para celebrar la fricción

Celebrar la fricción no es un momento de felicidad en el que todos se dan la mano en un círculo y de repente todo está bien. Se trata de un trabajo duro y de descubrir las herramientas que son mejores para ti y tus socios. Una cosa es cierta: todas las relaciones tienen baches y desacuerdos. Pero podemos elegir cómo abordarlos. He aquí doce enfoques que surgieron al escuchar a grandes asociaciones.

Entender el porqué

La mejor manera de apaciguar un conflicto comienza con la escucha compasiva y empática. Como demostraron André y Bertrand, esto significa priorizar el tiempo para el otro a través de momentos magnéticos intencionados, escuchando al otro sin juzgarlo ni interrumpirlo, y centrándose en las preguntas para entender la perspectiva del otro, en lugar de tratar de demostrar la tuya. Jo y Paz lo hicieron con su ritual de las charlas de los viernes.

Si quieres entender realmente lo que siente otra persona y por qué, tienes que dejar de centrarte en tus propios sentimientos. Entender qué experiencias pasadas están formando esos sentimientos te ayuda a dejar de hacer suposiciones defensivas que convierten los pequeños temblores en grandes terremotos. Esto no justifica ni hace que las acciones y reacciones de alguien sean correctas; simplemente te permite comenzar desde un lugar de comprensión para que puedas trabajar hacia una solución y ayudar a alguien a ver los patrones que podrían estar causándole dolor.

Andy y Jim, de LeapFrog Investments (a quienes conociste en el segundo capítulo), toman constantemente decisiones difíciles mientras navegan por el rápido crecimiento del naciente campo de la inversión de impacto. Han desarrollado una forma de trabajar en la que siempre se desafían mutuamente para conseguir los mejores resultados, pero han aprendido a «estar en desacuerdo sin ser desagradables». «Cuando eres más joven, tienes la sensación de que, sí o sí, tienes que encontrar la solución durante la conversación», dijo Andy. Lo que Jim y el estudio de la filosofía ayudaron a enseñar a Andy es que, en lugar de tener todas las respuestas, hay que llegar a una conversación con un marco de reflexión, con una comprensión de las razones del otro, con una perspectiva sobre lo que es relevante y digno de discusión, y después estar dispuesto a dialogar y debatir en lugar de demostrar que tu manera es la correcta.

Parte de la comprensión del porqué es la construcción de una valiosa historia juntos para poder ver cómo las experiencias de la vida pasada influyen en las decisiones o conflictos de las personas. Ben y Jerry se refirieron a esto como la práctica de separar la historia profunda de «nosotros» del problema para que nunca haga estallar su amistad.

¿Y si la otra persona tiene razón?

En cualquier desacuerdo, André y Bertrand siempre empiezan preguntándose: «¿Y si la otra persona tiene razón?». Aunque no cambien del todo su perspectiva, esto les permite aceptar otras ideas y no solo aferrarse obstinadamente a las suyas.

Cuando reconocemos nuestra propia falibilidad y admitimos la necesidad de aprender de los demás, especialmente de aquellos que desafían algunas de nuestras convicciones más preciadas, se crea un espacio para escuchar, comprender y aprender en profundidad.

Cornel West y Robert P. George dominan el arte del autoanálisis. «Lo primero que quiero saber es si puedo estar equivocado. Si Cornel piensa algo y yo pienso lo contrario, lo primero que quiero saber es que, si alguien tan brillante, dotado y serio desde el punto de vista intelectual y moral como Cornel piensa tal cosa, es posible que yo esté equivocado y él tenga razón», me dijo Robert.

Cuando se debatía sobre una idea controvertida, en lugar de bloquearla o discutir por ella, los hermanos Delle se turnaban para jugar al «juego de la pregunta difícil», cada uno pensando por qué podría ser una mala idea. Alex y Blake, cofundadores de Flocabulary, hacían algo parecido: cambiaban de posición para poner a prueba su proceso de pensamiento y comprender las diferentes perspectivas.

Esto les permitía entender la idea desde todos los puntos de vista, lo que quitaba hierro al asunto y a menudo los llevaba a un plan mejor.

Joe, Brian y Nathan, los cofundadores de Airbnb, a quienes conociste en el capítulo cuatro, también utilizaban preguntas difíciles para revisar todas sus acciones. Promovieron este proceso en la empresa como la RPA, la revisión posterior a la acción. La gente se reunía para debatir abiertamente sobre lo que funcionaba y lo que no, dando lugar a que las fricciones se ventilasen en un espacio seguro y luego se condujeran hacia una dirección positiva.

Una tercera vía

Al igual que Mostafa, Bertrand y André celebraron la fricción «construyendo una tercera idea» basada en las experiencias y conocimientos de ambos. Se trata de una idea que toma lo mejor de sus dos ideas individuales y crea una tercera idea que es una forma mejor, una combinación de sus pensamientos. Lo hicieron viviendo con una mentalidad de aprendizaje constante, que también exige una fuerte dosis de humildad, reconociendo lo mucho que tienes que aprender de tu compañero. El respeto desempeña un papel importante en este proceso de cocreación: no se aplastan los sueños del compañero, sino que se encuentran formas de cooperar y crear sueños compartidos, tal y como aprendimos con la creación de The Elders en el capítulo cuatro.

Cindy Mercer y Addison Fischer crearon conjuntamente la Fundación Planet Heritage para proteger el mundo natural. Siendo dos personalidades de éxito y con determinación, tuvieron que dedicar tiempo a estructurar una forma productiva de abordar los conflictos. Cindy me dijo que hay dos formas de abordar los conflictos: la dominación, en la que gana la persona con más poder, y el compromiso, en el que ambas personas renuncian a algo que es importante para ellos. Cindy y Addison querían encontrar una tercera vía, centrada en la integración. «Era una forma de llegar a respuestas que funcionaran para ambos, que hicieran que el resultado fuera mayor», explicaba Cindy.

Un espacio de valentía

El espacio adquirió dos significados a lo largo de nuestro proceso de investigación. Está el espacio y el tiempo para mantener conversaciones valientes y difíciles (como vimos en el capítulo tres), y también está la necesidad de que las parejas se den el espacio para tomarse un descanso, para dar tiempo a que las cosas se calmen. Ambas cosas son importantes.

Azim (a quien conociste en el capítulo tres) creó uno de los espacios para la valentía más grandes que uno pueda imaginar cuando invitó a Ples, el abuelo del adolescente que disparó a su hijo, a su salón. No fue fácil para ninguno de los dos, pero, al mantener las conversaciones difíciles y abrir la puerta al perdón, se liberaron mutuamente del rencor y el odio. Ahora han trasladado ese espacio seguro del salón de Azim a las escuelas primarias y secundarias, donde ayudan a los alumnos a mantener conversaciones abiertas y sinceras sobre la vulnerabilidad, el perdón y el amor.

Jo y Paz tienen la charla de los viernes, como vimos en el capítulo cinco. El compromiso con este ritual les asegura un momento para compartir lo bueno y lo malo de su relación. Este espacio de valentía ha tenido un par de beneficios: les ha permitido profundizar en su comprensión y amor mutuo y les ha ofrecido la oportunidad de minimizar los desacuerdos que surgen a principios de la semana, ya que, cuando llega el viernes, ven el conflicto con otros ojos.

Sarah Kay y Phil Kaye, dos dotados poetas de la palabra hablada, describieron lo difícil que les resultó al principio mantener conversaciones difíciles, ya que ambos evitaban los conflictos. «Tuve que aprender a decir: "Esto no me ha hecho sentir muy bien"», dijo Phil, «"y confío en que no era tu intención, pero sigo sintiéndome mal por ello"». Sarah habló de tres promesas que le hizo a Phil para crear un espacio seguro para las discusiones difíciles: «Siempre seré lo más honesta que pueda contigo. Nunca haría nada para herirte intencionadamente. Si hago algo que te hiere, confía en que es porque no me di cuenta de que era hiriente. Por favor, dímelo para que pueda hacer todo lo posible para ajustar mi comportamiento, de modo que ya no te haga daño. Eso es lo que prometo y lo que espero de vuelta».

La naturaleza puede desempeñar un papel importante en la creación de un espacio de valentía. Muchos de los socios con los que hablé hablaron de pasear o salir al exterior para crear un espacio que te permita tener una perspectiva, ya sea por ti mismo o cuando necesites tener una conversación difícil.

Poder de veto

No importa quién sea, hay momentos en los que celebrar la fricción parece un sueño imposible. Pensar detenidamente en cómo diseñar mecanismos de corrección puede ayudar a evitar que tu relación acabe en momentos de agotamiento, o cuando tienes tantas ganas de algo que no puedes ver con claridad, y mucho menos escuchar profundamente a alguien. Por ejemplo, al principio de su relación, Ben y Jerry decidieron que cualquiera de los dos podía vetar cualquier decisión con la que sintieran que no podrían vivir. Esto ocurría con muy poca frecuencia, pero era la clave para asegurarse de que su amistad siempre fuera lo primero.

También es fundamental establecer estructuras para desactivar los conflictos desde el principio (como hicieron muy bien Mostafa y Stephen). Como se mencionó en el capítulo anterior, los tres hermanos Delle decidían conjuntamente qué inversiones respaldaría su empresa, lo que era una llamada al conflicto, ya que cada uno tenía diferentes enfoques sobre el riesgo y diferentes ideas sobre qué oportunidades de negocio eran las adecuadas. La solución fue crear una estructura que despersonalizara esas decisiones. El primer paso fue asegurarse de que cada uno tuviera muy claras sus funciones y responsabilidades. A continuación, crearon un comité de inversiones independiente con autoridad para tomar decisiones finales. Esto les permitió mantener debates y discusiones enriquecedoras sobre las oportunidades de inversión sin tener que decepcionarse mutuamente y destrozar la familia.

En cualquier organización, el hecho de no delimitar claramente las funciones y responsabilidades puede generar confusión y egos heridos, y, a su vez, conflictos y falta de confianza. Los cofundadores de LeapFrog Investments suelen referirse a ello como una flotilla de lanchas rápidas en lugar de un gran barco central. Cada equipo de la

empresa y cada uno de los socios son como lanchas individuales, con funciones únicas, pero que siguen formando
parte de una flotilla compartida que se dirige al mismo
objetivo. Esto les permite avanzar a gran velocidad con
una visión clara, en lugar de tener una embarcación do-
minante y pesada con un capitán que grita órdenes a
todo el mundo.

Humor

Como dijo Peter Gabriel, el humor puede ser «el mejor acei-
te para cualquier problema». Un momento de risa, un chiste
autodespectivo o una broma tonta pueden aportar ligereza
y alegría a las situaciones difíciles. Como ya he mencionado, Richard Branson y Peter tienen un momento magnético
consistente vinculado a echarse agua, como demostraron en
su entrevista. Cuando la conversación se puso demasiado
seria, Richard le tiró un vaso de agua a Peter, quien a su vez
le tiró una jarra de agua a Richard, y, antes de que nos
diéramos cuenta, todos los presentes en la sala —incluidos
el equipo de rodaje y los camareros— estábamos en una
pelea de agua, empapados y riendo histéricamente.

El humor es muy importante para calmar los conflictos y para mantener a la gente conectada, así que lo he
incluido como una categoría de momentos magnéticos y
una forma de gestionar los conflictos. ¡La alegría y el humor nunca son suficientes en las asociaciones!

Las otras 99 cosas

No te preocupes por las cosas pequeñas. Acuérdate de las
noventa y nueve cosas que te gustan de alguien cuando

ocurra esa cosa irritante. Para comprobar el nivel de importancia, Beverly y Dereck se preguntan: «¿Estará esto en las memorias que escribamos cuando tengamos noventa años?». Si no es así, lo hablan y lo dejan pasar.

Una perspectiva sólida puede evitar que te veas arrastrado a un drama innecesario y debilitante. Tu «algo más grande» siempre te elevará por encima de las pequeñas rivalidades y desacuerdos y te permitirá convertir la fricción en energía positiva hacia tu objetivo.

El lenguaje también es importante. Evita las palabras que aumentan la presión sanguínea, como «siempre» o «nunca»; estas frases de «todo o nada» suelen ser exageraciones que demuestran que has olvidado las otras noventa y nueve veces que tu pareja no hizo (o hizo) algo.

Amnesia positiva

Recuerdo haber pasado una hora intentando que Peter y Richard hablaran de sus desacuerdos, pero simplemente no podían recordar ninguno, aunque, después de trabajar con ellos durante diecisiete años en el proyecto The Elders, sé que ha habido unos cuantos.

A medida que este patrón continuaba en las siguientes entrevistas, me di cuenta de que la *amnesia positiva* es un signo de profundo respeto entre los socios y destaca una sana práctica del perdón. Las asociaciones exitosas pueden trabajar a través de las malas experiencias y luego liberarlas, perdonando y olvidando literalmente para no debilitar su colaboración aferrándose a cualquier reflejo negativo. El ecosistema de las virtudes desempeña un papel fundamental, ya que tener los cimientos de la confianza y el respeto en una relación te recuerda que tu socio nunca te haría daño intencionadamente (como compartieron Sarah y Phil en el cuarto enfoque, «Un espacio de valentía»).

A veces, perdonar no es tan fácil, ya sea perdonar a tu socio o perdonar a alguien fuera de la asociación. Merece la pena el esfuerzo porque te libera de la amargura y la ira y te permite seguir adelante con tu vida desde el amor en vez de desde el resentimiento.

Azim demostró el máximo acto de perdón tras el asesinato de su hijo. Aclara que perdonar no significa justificar el asesinato, sino separarse del rencor hacia el asesino. Si no perdonas, sigues siendo una víctima. Permanecer en la ira y el resentimiento solo te perjudica. Se convierte en una forma de abuso a uno mismo. Perdonar es un enfoque saludable que te da libertad y control de tu propia vida. Cita con frecuencia a Mandela: «El resentimiento es como beber veneno y esperar que mate a tus enemigos».

La paz con uno mismo

Es superdifícil tener un enfoque positivo de la fricción si no tienes paz contigo mismo. Jo y Paz insistieron en la necesidad de «responsabilizarte de tus propios conflictos». Concéntrate en comprender las cosas de tu propia historia que desencadenarán una reacción negativa para que puedas ser consciente de esos conflictos, aceptar la responsabilidad, ser honesto al respecto y trabajar realmente en ellos.

Una parte del trabajo sobre tus propios conflictos es darte el espacio y el tiempo para la autorreflexión. Profundizar en el conocimiento de uno mismo te permitirá dar un paso atrás y observar tu comportamiento, para separar las emociones y comprender dónde necesitas cambiar.

Las relaciones sanas también nos permiten vernos reflejados a través de los ojos de alguien a quien queremos y en quien confiamos. Estas relaciones nos ayudan a entender tanto nuestros puntos fuertes como las áreas en las que podemos estar fallando. Abrir un espacio para la reflexión sincera con nuestra pareja es uno de los caminos más rápidos para lograr la paz con nosotros mismos.

Greg Zehner (a quien conociste en el capítulo cuatro) se formó como pastor y ha visto a muchas parejas cuyos matrimonios tienen problemas. Uno de los problemas más comunes es que cada uno de los cónyuges intenta cambiar al otro, pensando que eso salvará la relación. Hay que aceptar a la otra persona incondicionalmente, dice, «y es el amor y esa aceptación incondicional lo que realmente provoca el cambio, frente a la crítica y el estar encima de alguien». Liberados de la carga de intentar cambiar a otra persona, también somos libres de estar en paz con nosotros mismos.

No se puede leer la etiqueta desde dentro del tarro

Es fácil decir esto, pero no siempre es tan sencillo de hacer: sé valiente y busca ayuda cuando la necesites. A menudo pensamos que hemos fracasado si necesitamos pedir ayuda a alguien, cuando en realidad hemos fracasado si no nos damos cuenta de que podríamos necesitar alguna perspectiva externa que nos ayude a superar una etapa especialmente complicada. La mayoría de los socios que tuvieron éxito necesitaron un poco de apoyo adicional en algún momento: algunos recurrieron a amigos (como los Carter en el capítulo tres), otros a miembros de la familia y otros encontraron la ayuda experta adecuada.

Gro y Arne Brundtland llevan sesenta años juntos. Se conocieron tomando una cerveza en una reunión de estudiantes y, como recuerda Gro, «salieron chispas en el momento en que nuestras miradas se cruzaron». Todo el mundo se sorprendió de que una socialdemócrata y un conservador pudieran enamorarse tan profundamente y tan rápido. Nadie pensó que pudiera durar. Sin embargo, en lugar de permitir que sus diferencias se impusieran, se dedicaron a la curiosidad y debatieron sobre todo lo que había bajo el sol. Se apoyaron, se inspiraron y aprendieron el uno del otro mientras ambos seguían sus carreras políticas: Gro acabó siendo Primera Ministra de Noruega y Arne desempeñó diversas funciones de análisis político, además de convertirse en un respetado periodista y escritor.

Sus valores compartidos (confianza, respeto, franqueza y abnegación) y la comunicación continua construyeron una relación en la que respetaron la independencia del otro, pero siempre cooperando como un par. Como ocurre con todas las relaciones, no siempre fue un camino de rosas.

Cuando llevaban diez años casados, se dieron cuenta de que cada vez tenían más desacuerdos. En lugar de dejarse llevar, decidieron buscar el consejo de un psicólogo experto, alguien «fuera del tarro» que pudiera ayudarles a manejar su situación. «Durante cinco horas en las que compartimos nuestras preocupaciones y nos contamos lo que sentíamos el uno por el otro y por nosotros mismos, las cosas mejoraron mucho», cuenta Gro. «Resurgió nuestra armonía y nuestro genuino respeto mutuo. Fue una gran experiencia por la que estaremos siempre agradecidos».

Encontrar puntos comunes

Lawrence *Lawry* Chickering y James *Jim* Turner, ambos formados como abogados, han pasado los últimos veinticinco años tratando de reducir los conflictos políticos. Lo hacen, en gran parte, centrándose en los puntos en común en lugar de en las diferencias políticas. Procedentes de entornos políticos diferentes (Lawry desde la derecha y Jim desde la izquierda), compartieron desde el principio la intuición de que cada lado contiene verdades importantes pero incompletas. Creen que la mejor manera de obtener la verdad completa es integrando los puntos de vista de todas las partes, lo que a menudo conduce a una nueva visión no descubierta anteriormente.

Se conocieron en la fiesta de publicación del primer libro de Lawry, *Beyond Left and Right: Breaking the Political Stalemate*, y rápidamente reconocieron que comparten la creencia fundamental de que las personas son más parecidas entre sí que diferentes. Los antecedentes conservadores de Lawry proceden de su larga amistad con el difunto escritor conservador William F. Buckley Jr. y Jim tiene sus raíces de activista progresista en el enfrentamiento con la FDA junto al activista de los consumidores Ralph Nader a finales de los años sesenta.

Llaman a su visión política «transparente». La visión de Lawry y Jim va más allá de un espectro binario y bidimensional de izquierda y derecha. El empoderamiento y el compromiso de los ciudadanos son la clave. Sostienen que este es el ingrediente más importante para dar forma a todos los programas de cambio social que tienen éxito, trabajando con las poblaciones más marginadas, así como con las más privilegiadas.

Su asociación se basa en los fuertes y duraderos lazos de amistad construidos a lo largo de años de exploración de todos y cada uno de los temas desde puntos de partida muy diferentes. Ver las mismas cosas desde ángulos diferentes enriquece la visión de ambos. «Lawry me hace ver las cosas a ciento ochenta grados», dijo Jim. «Cuando la gente ve las cosas desde un ángulo diferente, se hace una idea mejor que si las mira desde su propio ángulo. Si miras algo desde un solo ángulo, todo lo que ves es ese lado».

A largo plazo

Parte de la construcción de una relación duradera es la capacidad de aceptar la abnegación. Como aprendieron Gro y Arne, eso no siempre es fácil. Gro estaba ascendiendo con éxito en el gobierno noruego como parlamentaria y vicepresidenta del Partido Laborista cuando Arne, que también estaba siendo reconocido como un líder con gran potencial, recibió la oportunidad de convertirse en candidato al parlamento a través del Partido Conservador de la oposición.

O bien su matrimonio iba a tener que terminar o uno de los dos tendría que dimitir, ya que habría sido insostenible que ambos se sentaran juntos en el parlamento en bandos políticos opuestos. Después de muchas conversaciones sinceras y difíciles, Arne decidió dar un paso atrás y, como dijo Gro, «apoyar la suma de los dos». Su sacrificio salvó su matrimonio.

Más tarde, le tocó a Gro devolverle el favor cuando confió en Arne para que escribiera un libro sobre su vida en común y le prometió que le dejaría escribirlo libremente, sin tener que obtener su aprobación ni tenerla encima.

Cuando Gro dejó su cargo de primera ministra, Arne publicó *Married to Gro*, que se convirtió rápidamente en un éxito de ventas.

Para celebrar las fricciones y poner en práctica los enfoques compartidos en este capítulo, se necesitan socios que estén ahí a largo plazo. Construir juntos una historia compartida es como despejar un camino en el bosque para poder caminar tranquilamente con «chispas», en lugar de tropezar con arbustos y árboles mientras se navega por una situación difícil.

La mayoría de las interacciones y relaciones en nuestras vidas son a corto plazo y no pueden proporcionar amor y apoyo continuos a lo largo de nuestra vida. Del mismo modo, la mayoría de las personas se centran principalmente en el beneficio a corto plazo para sí mismas, en lugar de proteger el bienestar a largo plazo de los demás. Son nuestras conexiones profundas, las personas que están con nosotros a largo plazo, las que realmente nos hacen ser quienes somos en este mundo. También es mucho más fácil celebrar las fricciones y considerarlas como un momento de aprendizaje si tienes una historia compartida con alguien y sabes que siempre te cubrirá la espalda.

Si eres capaz de celebrar las fricciones con tus conexiones profundas, esto se extenderá a todas tus relaciones y aliviará gran parte del estrés y la ansiedad que conlleva estar en modo lucha, en lugar de en modo asociación y cooperación.

7

Conexiones colectivas

Sexto grado de conexión

Lo que aplicarían, y cómo, se ha basado en un círculo de amigos, un círculo de amigos que siempre está creciendo, que ha funcionado incansablemente en condiciones de confianza personal.

—Mostafa Tolba, director ejecutivo del PNUMA, cocreador del Protocolo de Montreal para proteger la capa de ozono

La primera ministra británica Margaret Thatcher se mostraba escéptica sobre los informes de daños en la capa de ozono, hasta que pasó un fin de semana revisando una sesión informativa organizada por su personal y expertos técnicos británicos, incluyendo a los científicos Joe, Jonathan y Brian (a quienes conociste en el capítulo cuatro), los socios que descubrieron el agujero de ozono.

Como química de formación, el domingo por la tarde se unió a estos científicos británicos —Mostafa, Stephen,

Mario y Sherry— como líder conversa del movimiento para proteger el ozono.

Ella y su equipo se pusieron en marcha y ayudaron a los países a conseguir resultados. «Tenemos que ir más allá y actuar más rápido, aceptar objetivos más altos y plazos más cortos», les dijo Thatcher a los delegados en una conferencia que organizaba en Londres en marzo de 1989. «Por favor, no tengan las expectativas demasiado bajas». Su voz fue un faro para la cooperación mundial, para compartir información y experiencias, para trabajar juntos más allá de las fronteras para comprender plenamente el alcance del daño y luego tomar medidas concertadas para solucionarlo.

A lo largo de las negociaciones de 1989 y 1990 para reforzar el Protocolo de Montreal, Thatcher expresó su compasión por los países que no habían causado el problema. «Está claro que sería inaceptable que los países que ya se han industrializado, y que han causado la mayor parte de los problemas a los que nos enfrentamos, esperen que otros paguen el precio en términos de esperanzas y bienestar de sus pueblos», dijo. Se mostró firme en su opinión de que ningún país debía quedarse atrás. La humanidad tenía que unirse en nuestro interés común, en lugar de dividirse por nacionalismos egoístas.

Utilizó eficazmente los medios de comunicación para presionar a otros países industrializados, e incluso, sin querer, para presionar a su propio país. Cuando los periodistas le preguntaron cuánto iba a pagar Gran Bretaña al fondo multilateral para apoyar a los países que no habían causado el daño al ozono, les dijo que 1,5 millones de libras. Nicholas Ridley, el ministro británico de Medioambiente, le susurró: «En realidad, primera ministra, es un millón y un cuarto», a lo que Thatcher respondió: «Pues entonces será mejor que sea un millón y medio inmediatamente. Si no, eso enseñaría a esta gente a darme la información equivocada, ¿no?».

En su discurso de ese día en Londres, Thatcher advirtió a los representantes de los países industrializados, entre ellos Gran Bretaña y Estados Unidos, que la destrucción de la capa de ozono de la Tierra se estaba produciendo incluso más rápido de lo que los científicos habían pensado en un principio y que había que acelerar los esfuerzos para reducir las sustancias químicas que destruyen la capa de ozono. Fue una petición apasionada a la que no hicieron oídos sordos. El presidente Ronald Reagan, que ya había sido convencido de la urgencia por su secretario de Estado, George Shultz, también estaba intensificando la respuesta estadounidense a la crisis. Thatcher y Reagan se convirtieron en una formidable pareja de improbables activistas medioambientales.

Era una nueva era, un momento sin precedentes en la historia de la diplomacia. «Los políticos de todos los bloques y regiones del mundo están dejando de lado la política para llegar a un acuerdo sobre la protección del medioambiente global», dijo en una entrevista en 1990 el embajador Richard Benedick, líder de la delegación estadounidense. «Los gobiernos están abandonando sus posturas más duras para llegar a un acuerdo, e incluso los habituales desacuerdos entre el norte y el sur (las naciones desarrolladas frente a los países en desarrollo) carecen de su habitual ventaja».

Hubo muchos colaboradores aparentemente incompatibles en todos los sectores en el centro de las negociaciones y la aplicación en curso del Protocolo de Montreal, y estamos en deuda con todos ellos. No trataban de ser héroes individuales, sino de salvar el mundo colectivamente. Desde la concienciación hasta la aplicación, fue un proceso inclusivo que reunió a todo el mundo en la carpa para colaborar a una escala inaudita.

Eran amigos, ciudadanos del mundo que trabajaban juntos por una causa común. Este es el mejor logro humano, este vasto colectivo de personas que han logrado lo que todos pensaban que era imposible.

¿Por qué esta colaboración fue un éxito cuando tantos otros esfuerzos globales han fracasado?

Cuando comencé esta exploración de las asociaciones, sabía que las conexiones profundas eran importantes para nuestras vidas individuales y nuestra capacidad para hacer algo más grande en el mundo. Lo que no comprendí en un principio fue lo fundamentales que son para la mayoría de los logros humanos significativos. Cuando estudié logros colectivos extraordinarios, como la protección de la capa de ozono, la erradicación de la viruela en la India y el fin del apartheid, me quedó claro que el éxito de esos esfuerzos no estaba vinculado a un individuo, ni al dinero, ni a la fama, ni a los «me gusta» en las redes sociales. Las claves del éxito fueron las fuertes conexiones profundas en el centro, amistades que superaron muchos desafíos, junto con un enfoque único de la arquitectura colaborativa.

A medida que nos enfrentamos a problemas globales complejos, como las pandemias, el cambio climático, la amenaza nuclear y muchos otros, tenemos que diseñar soluciones colaborativas eficaces que no conozcan fronteras.

El sexto grado, conexiones colectivas, es un marco de principios de diseño para ampliar las colaboraciones, con conexiones profundas en el centro como modelos de conducta, como centros de impulso, como tejido conectivo, como arquitectos de la colaboración.

Me di cuenta de la importancia de las conexiones colectivas en un húmedo día londinense cuando me senté en una sala de conferencias abarrotada con un grupo de académicos, empresarios, científicos y políticos, todos ellos distinguidos en sus campos y preocupados por el cambio climático y la creciente pérdida de biodiversidad. Durante las ocho horas siguientes, con el silbido de la calefacción que apenas funcionaba como ruido de fondo, se mencionó la palabra «colaboración» cerca de cincuenta veces. Sin embargo, la reunión parecía más bien un campo de batalla. La gente hablaba por encima de los demás, no escuchaba y todos intentaban ser los más listos de la sala. Hablar de colaboración era simplemente eso: palabras que se pisoteaban mientras todos se subían encima de los demás. La gente lo daba todo por la causa, pero no por los demás.

Esperamos erróneamente que los grupos e individuos sean capaces de colaborar de forma espontánea. Sin embargo, esto es como esperar que un grupo de gimnastas aficionados se reúna y realice al instante una doble voltereta al unísono que desafíe la gravedad, antes de que hayan dominado la forma de distinguirse en una simple voltereta.

A menudo, aspiramos a realizar un lanzamiento a la luna inmediato en lugar de empezar con pasos más accesibles con un puñado de conexiones profundas, el centro desde el que construir y forjar un camino hacia adelante. No depende de un solo líder, sino de un grupo de amigos comprometidos que se convierten en la «masa crucial desde la que me extiendo», como dijo Mostafa.

Si dos o tres personas de esa reunión de Londres ya hubieran tenido conexiones profundas entre sí, podrían haber modelado los cinco grados de conexión que hemos explorado en este libro y cambiar toda la dinámica y el impacto del grupo. Sin embargo, cuando diseñamos colaboraciones, no solemos tener en cuenta la profundidad de la conexión como un factor importante para la selección del grupo. En su lugar, nos centramos en las habilidades técnicas, los niveles de experiencia y el reconocimiento del nombre para dar credibilidad al grupo. Esas cosas pueden ser importantes, pero es mucho más probable que un grupo consiga algo extraordinario si hay unas pocas personas con conexiones profundas en el centro, junto con un propósito claro, un ecosistema de virtudes y un marco bien pensado para mantener a la gente conectada. En ese escenario tenemos una colaboración que puede durar a largo plazo, donde la confianza, el respeto y la generosidad mandan, en lugar de los egos y los intereses individuales.

La importancia de una composición y una dinámica colectivas adecuadas para la colaboración a escala es aún más necesaria cuando nos damos cuenta de lo interconectados y dependientes que somos unos de otros para nuestra propia supervivencia. El arquitecto y científico Buckminster Fuller lo explica muy bien en su breve libro *Operating Manual for Spaceship Earth*. Utiliza la analogía de la Tierra como una nave espacial, un hogar compartido donde todas nuestras acciones tienen repercusiones en otros ciudadanos del mundo y en los sistemas de la naturaleza. Su perspectiva es que todos somos pasajeros juntos en esta nave espacial, volando por el espacio con recursos limitados y una necesidad de innovación y cooperación «para mantener la máquina en buen estado o tendrá problemas y no funcionará». Su visionario libro es un llamamiento al mundo para que se adopten estrategias cooperativas a escala planetaria, de modo que todos los habitantes de la Tierra puedan prosperar y vivir con dignidad y libertad, en una «nave espacial» que sea saludable y regenerativa. Aunque el libro de Buckminster fue escrito en 1969, durante la Guerra Fría, cuando el mundo estaba profundamente dividido, es igual de relevante y útil hoy en día.

«Lo más importante de la Spaceship Earth es que no venía con un libro de instrucciones», dijo Buckminster. Afortunadamente, tenemos muchos ejemplos de copilotos que han conducido nuestra nave espacial a resultados mucho mejores mediante la cooperación colectiva. Se trata de personas que crearon marcos para que la colaboración floreciera y que utilizaron sus conexiones profundas como trampolín para aumentar exponencialmente el número de conexiones colectivas que trabajaban hacia un resultado específico.

Una historia humana

El esfuerzo por proteger el ozono tuvo éxito porque creció mucho más allá de un grupo de copilotos. Se basó en una colaboración global entre sectores y fronteras, basada en la ciencia, a una escala que sorprendió incluso a los críticos más duros. En su discurso de clausura de la conferencia de Londres de marzo de 1989, las palabras de Thatcher fueron escalofriantes y siguen siendo muy relevantes hoy en día. «Durante siglos, la humanidad ha trabajado con el supuesto de que podíamos perseguir el objetivo de un progreso constante sin perturbar el equilibrio fundamental de la atmósfera del mundo y de sus sistemas vivientes», dijo. «En muy poco tiempo, se ha roto esa cómoda suposición».

Thatcher, Reagan y otros líderes mundiales fueron los altavoces y socios que nadie se esperaba, pero que el movimiento necesitaba. El monumental logro del Protocolo de Montreal fue llevado a cabo por miles de personas y desde entonces ha salvado millones de vidas. Fue el primer tratado internacional exitoso que abordó un desafío medioambiental global común, en el que todos los sectores —empresas, gobiernos, científicos, instituciones multilaterales y organizaciones sin ánimo de lucro— desempeñaron un papel fundamental. Y surgió como resultado de las profundas conexiones entre ciudadanos de diversos orígenes que dedicaron humildemente sus vidas al bien global.

Se trata de uno de los ejemplos más importantes de colaboración a gran escala en el mundo, y, sin embargo, está extrañamente ausente de muchos de nuestros libros de texto y de los casos prácticos sobre cómo deberíamos abordar nuestros crecientes problemas globales interconectados. Los verdaderos héroes de este logro no han tenido reconocimiento.

Gran parte de los escritos históricos sobre este logro mundial sin igual se centran en las tácticas de negociación, el proceso científico y la innovación tecnológica. La historia que se desarrolló durante mi investigación y las entrevistas con personas como Mario, Jonathan, Stephen, Penelope, Nancy, Ingrid y Jeffrey fue algo diferente.

Una historia humana.

Una historia de conexiones profundas que, juntas, construyeron y alimentaron una enorme red mundial de amigos y aliados. Este enfoque relacional fue especialmente fundamental cuando las naciones iniciaron el difícil proceso de eliminación de los CFC, que comenzó cuando aún no se había secado la tinta del Protocolo de Montreal y que continúa en la actualidad.

Nancy Reichman y Penelope Canan, autoras de *Ozone Connections*, llevan años documentando la importancia de este enfoque relacional. También tienen su propia historia de conexión profunda, que compartieron conmigo durante una entrevista por Zoom que estuvo llena de risas, respeto y amor.

Cuando se conocieron, hace treinta y siete años, eran profesoras de sociología en la Universidad de Denver. Se unieron en su lucha por la igualdad salarial y se hicieron amigas rápidamente. Asistieron juntas a su primera reunión de la comunidad del ozono y sintieron una gran curiosidad por el compañerismo, la alegría y la confianza del grupo. Funcionaba como una familia, pero con un grupo de personas de orígenes muy diversos. Nunca habían visto nada parecido. Había científicos, empresarios, ecologistas y responsables de la política gubernamental que se preparaban para trabajar con un sentido de la urgencia que se mantendría durante décadas.

Tras años de investigación, descubrieron que el secreto de esta masiva familia se explicaba por un núcleo de relaciones estrechas en el centro, combinado con una estructura organizativa innovadora que fomentaba los lazos de amistad a través de una red global, o, en mi idioma, conexiones profundas que inspiran y movilizan una gran red de conexiones colectivas.

Llegaron a la conclusión de que personas como Stephen y Mostafa, maestros del liderazgo colaborativo, impulsaron a todo el grupo. «Inspiran a los demás, crean el espacio institucional para la cooperación entre iguales, determinan la afiliación y crean normas de reciprocidad, acción, consenso y compañerismo», escribieron. «Crean literalmente las condiciones para la excelencia compartida».

Stephen se levantaba cada día motivado por un único objetivo: proteger la capa de ozono. Al igual que Mostafa, comprendía el profundo poder de algo más grande. «Una experiencia compartida de este tipo puede transformar un conjunto de individuos en un grupo y unificarlos en torno a un conjunto de valores y un propósito común», escribieron Nancy y Penelope. Nunca antes un acuerdo mundial sobre el medioambiente había reunido una combinación semejante de conocimientos técnicos y experiencia política.

La independencia de los comités del GETE les permitió crear sus propios objetivos alcanzables para la eliminación de los CFC e inventar sustitutos. Esto dio paso a que socios que parecían incompatibles, incluidos los competidores, experimentaran juntos y luego aceleraran las mejores ideas para llevarlas a cabo. Stephen y los responsables del comité GETE agruparon a los colaboradores por sectores para que pudieran reinventar su propio futuro. Conectando a un grupo de expertos que confiaban los unos en los otros —desde científicos hasta economistas, pasando por personas que trabajan en la industria y activistas— crearon múltiples centros de innovación, donde todas las ideas eran importantes y las relaciones florecieron.

«Como supermotivador», compartió Nancy sobre Stephen, «hacía que la gente se sintiera bien consigo misma». El análisis de los datos de conexión de Nancy y Penelope mostró un claro mapeo de lo que algunas personas denominaron en broma el efecto Steve Andersen, un eje central en la consolidación de la red general que ayudó a todos a mantenerse conectados y a ser eficaces durante largos periodos de tiempo.

A través de un colectivo en expansión de amistades que cambian el mundo, los participantes dejaron de lado los intereses individuales y construyeron una épica colaboración global en nombre de la humanidad y del planeta. Esto no significa que el proceso siempre fuera fácil; hubo momentos de conflicto y prioridades desalineadas que amenazaron los resultados. Finalmente, todo se redujo a un conjunto de principios de diseño innovadores y a varias conexiones profundas en el núcleo que se convirtieron en centros que cuidaban de las personas, prestaban atención a las cosas pequeñas y hacían que la gente se sintiera parte de algo más grande.

El resultado fueron unos lazos de confianza y amistad inquebrantables.

Principios de diseño colaborativo

Mientras observábamos la carrera de la pandemia por el mundo en 2020, quedó cada vez más claro que nuestro mundo interconectado exige un nuevo orden de cooperación global.

Afortunadamente, podemos aprender de las conexiones colectivas construidas por copilotos como Mario, Sherry, Mostafa, Stephen y tantos otros. Sus historias nos hacen creer en que los colectivos bien diseñados de socios dispuestos pueden cambiar literalmente el curso de la historia.

Como también hemos visto, construir conexiones colectivas de personas de diversos orígenes y mantener el impulso mientras se dirigen hacia objetivos compartidos no es un proceso fácil.

En los últimos quince años, como parte de mi trabajo con Virgin Unite, hemos trabajado con socios para desarrollar o apoyar el desarrollo de más de una docena de cooperativas diferentes. Cada una de ellas tuvo al menos una conexión profunda en el centro que le ayudó a soportar los caóticos años iniciales, creó un camino alcanzable y se aseguró de que acabara siendo un movimiento sostenible con un impacto sistémico duradero.

Las conexiones profundas en el centro de las colaboraciones a mayor escala modelan los cinco primeros grados y mantienen unido al colectivo Pero también hay otra serie de lecciones que estuvieron omnipresentes en las cooperativas que hemos construido y estudiado. Las lecciones fueron similares tanto si se trataba de un esfuerzo comunitario local como de cientos de personas: The Elders, con un grupo de doce líderes y cientos de socios, o la comunidad del ozono, formada por miles de personas de todo el mundo. Todos ellos contaban con varias conexiones profundas en el núcleo que luego sirvieron de centros para movilizar a muchas más personas, que formaron sus propias conexiones profundas en la comunidad, dando lugar a redes distribuidas imparables.

He aquí **seis principios de diseño colaborativo** que se combinan con los seis grados de conexión para crear las condiciones necesarias para una excelencia compartida en colaboraciones más grandes.

Un embriagador «algo más grande»

Mostafa, Stephen, Sherry y Mario tenían algo en común que les hizo pasar de un propósito único y personal a un propósito común que cambiaría el mundo: una creencia sincera en salvar a la humanidad cerrando el agujero de la capa de ozono y la humildad de saber que no podían hacerlo solos. Necesitaban a miles de personas que también estuvieran «hipnotizadas» por este objetivo crucial.

No se limitaron a hablar de su objetivo y a escribir largos informes, sino que dedicaron su vida a la acción, construyendo una de las asociaciones mundiales más exitosas de la historia de la humanidad. A día de hoy, la gente sigue llamando a Stephen «el tipo del ozono», lo que refleja la importancia de este trabajo en su vida. Este compromiso sincero y claro con «algo más grande» dio a los socios una confianza y un respeto auténticos que se extendieron para crear un movimiento más grande. Su creencia y persistencia eran embriagadoras. La gente quería formar parte de él. Querían estar en el lado correcto de la historia para marcar la diferencia para las generaciones venideras.

A medida que expandes tus conexiones profundas y comienzas a crear grupos mucho más grandes de conexiones, es aún más importante tener un propósito claro que sirva de inspiración y de brújula a medida que el grupo se hace más diverso. Sin el primer grado, un «algo más grande» convincente, es imposible lograr el despegue.

Ese «algo más grande» no tiene que estar perfectamente articulado desde el primer día; de hecho, la cocreación une al grupo. En el caso de The Elders, se necesitaron varios años, muchos talleres y un discurso conmovedor de Nelson Mandela para llegar a la brújula moral del grupo de doce personas. Ese discurso (compartido en parte en el capítulo cuatro) sigue vigente hoy, unos quince años después, como camino a seguir de The Elders y su círculo de socios cada vez mayor.

Incluso con claros caminos que seguir, como la obligación de proteger la capa de ozono y acabar con el apartheid, es necesario que haya flexibilidad para que evolucionen a medida que la ciencia avanza, las políticas se ponen a prueba y los enfoques se afinan. También deben ser lo suficientemente inspiradores como para mantener la atención de la gente. Para la comunidad del ozono, esta era la oportunidad de cambiar la historia para mejor, como compartió Richard Benedick, jefe negociador de Estados Unidos: «El "espíritu del protocolo", a menudo invocado por los participantes en este proceso, reflejaba sentimientos sinceros de solidaridad y de participación para proteger la capa de ozono, en lo que se consideraba un movimiento global noble e histórico». También ayudó enormemente el hecho de que la ciencia fuera respetada, que el término agujero de ozono fuera sencillo de entender y que existiera una amenaza inmediata para la salud humana.

Dentro de ese marco, se elevaron los propósitos individuales de las personas para garantizar que tuvieran experiencias satisfactorias. «Inspirar una visión compartida no significa que los demás deban compartir el mismo propósito del líder», me dijo Stephen. «Un líder honra los objetivos y sueños de los demás y les permite ver que puede haber un resultado mutuamente gratificante».

Empezar y fortalecer

A veces, los problemas a los que nos enfrentamos, ya sea en nuestra comunidad o en el mundo, parecen demasiado desalentadores como para imaginar que podemos hacer algo personalmente para ayudar a resolverlos.

Sin embargo, el camino hacia el Protocolo de Montreal comenzó en un laboratorio de California con Sherry y Mario. Fueron científicos moralmente valientes y sabios que dieron esos primeros pasos y siguieron adelante, dando lugar a movimientos que cambiaron el curso de la historia.

En lugar de sentirse intimidado por el reto de involucrar a todo el mundo, Mostafa se centró en empezar con los países que ya estaban dispuestos, en lugar de esperar a involucrar a todo el mundo. Construyó círculos centrales de amigos y luego los amplió, utilizando estos círculos para fortalecer y ampliar. Su actitud directa neutralizó cualquier sentimiento de parcialidad, lo que le llevó a bromear diciendo que era atacado por igual por todos los bandos, lo que tomó como una señal de éxito.

Stephen lo reflejó en su enfoque de la eliminación gradual de los CFC y otras sustancias químicas que disminuyen la capa de ozono con las empresas, creando grupos de trabajo manejables por sectores. El incrementalismo fue celebrado en vez de descartado. Se fomentó el proceso de experimentación, de fracasar rápidamente, de aprender y de seguir adelante. Esto fue apoyado por grupos pequeños y ágiles que trabajaron juntos en pasos manejables. Para Jay Baker, director del GETE de Ford, esto significaba «avanzar pronto hacia objetivos más fáciles» y luego construir sobre el éxito.

En lugar de un gran lanzamiento a la luna, hubo cientos de nuevos retos e historias de éxito a cada paso del camino. Los comités de GETE y los representantes de las empresas se centraron en establecer objetivos alcanzables, creer en lo inverosímil, crear soluciones conjuntamente y después pasaban al siguiente reto. Esto mantuvo a la gente comprometida a lo largo de los años y les dio un tremendo sentido de logro compartido. Décadas después, su profunda conexión de amistad sigue viva.

Cuando le pregunté a Stephen por qué habían fracasado otros tratados y colaboraciones mundiales, me dijo que la mayoría de ellos establecían objetivos inalcanzables, eran poco flexibles y se centraban en las deficiencias más que en los éxitos. ¿Quién querría formar parte de un fracaso a cada paso?

Sin embargo, así es como enfocamos muchos de nuestros esfuerzos de colaboración global.

Grupo abierto

Si hubiéramos relacionado a The Elders con una persona u organización, con un grupo cerrado y exclusivo para nuestra comunidad, estoy segura al cien por cien de que la iniciativa nunca habría salido adelante. Las iniciativas completamente independientes permiten que diversos socios entren en el grupo y tengan un sentido de pertenencia, unidos por algo más grande.

A menudo veo que las organizaciones quieren «poseer» un esfuerzo de colaboración, para ponerle su marca o su nombre. Pero si una marca, un individuo o un conjunto de intereses intenta dirigir el barco, este se estrellará. Las personas del grupo deben tener la libertad de seguir su camino dentro del propósito general y tener presente el ecosistema de virtudes del grupo, o el impacto será parcial y solo tan grande como la organización o el individuo que intente dirigirlo.

No se trata solo de abrir el grupo, sino de derribar algunas de las barreras de entrada. Al crecer en Egipto, Mostafa comprendió personalmente que para abrir el Protocolo de Montreal más allá de los países industrializados, tendrían que nivelar el campo de juego, dando apoyo a medida a los países menos industrializados que no crearon el problema del ozono. (Los países industrializados causaron el 88 % de los CFC siendo solo el 25 % de la población mundial). La respuesta fue un fondo multilateral, que incluía la transferencia de tecnología y conocimientos, recursos de apoyo y periodos de gracia para las naciones menos industrializadas, lo que permitía a todos formar parte de la solución en curso.

Un grupo abierto también fomenta la contratación reflexiva de personas de diversos orígenes, que a su vez animarán a otros a unirse. Stephen pasó horas buscando nombres, llamando en frío a personas para encontrar más nombres, y luego haciendo sus deberes para asegurarse de que los expertos de la red eran los mejores del mundo. Esto ayudó a que la red se uniera rápidamente, ya que había una sensación inmediata de confianza y respeto basada en una sólida reputación. Pero no solo seleccionó a las personas por sus conocimientos técnicos, sino también por su capital social, es decir, sus redes personales, su disposición a compartir conocimientos abiertamente y su comprensión de la importancia de establecer relaciones sólidas con los demás en el grupo.

Además, Stephen no toleraba a los que venían e intentaban debilitar el grupo y no mostraban el mismo respeto a todos los participantes. Se apresuró a mostrarles la salida para que no envenenaran al grupo. Esta fue una lección importante para mí, porque, en mi intento de reunir a socios aparentemente incompatibles, a veces he mantenido durante demasiado tiempo a personas que estaban dañando el objetivo general. Pensaba que estaba permitiendo que los puntos de vista divergentes tuvieran voz, cuando en realidad solo estaba creando espacio para individuos guiados por el ego que no estaban de acuerdo con el objetivo común.

Conexiones que parecían incompatibles

Sherwood, Mario, Mostafa y Stephen son personas muy diferentes con orígenes diversos, y sin embargo construyeron cooperativas en torno a sus asociaciones. Sus chispas de diferencia y su igualdad dentro de sus asociaciones impulsaron a las cooperativas. He visto un éxito colaborativo similar entre individuos aparentemente incompatibles en The B Team, un grupo de líderes que trabajan por una mejor forma de hacer negocios. Ese equipo es un grupo diverso de líderes empresariales, sindicales, gubernamentales y sin ánimo de lucro cuyo éxito radica en la capacidad de trabajar en diferentes sectores, como cuando Sharan Burrow, directora de la Confederación Sindical Internacional, compartió el escenario con Paul Polman, director general de Unilever en ese momento. Aunque Sharan y Paul tenían opiniones diferentes, fue precisamente el contraste y la honestidad entre ellos lo que fomentó la riqueza del debate, los mejores resultados y la credibilidad inmediata.

Stephen y Mostafa fueron maestros de este tipo de po-
linización cruzada. Desde el principio comprendieron que
la industria, el gobierno, los científicos, los ecologistas, las
instituciones mundiales y otros debían unirse para que el
Protocolo de Montreal fuera un éxito. Como he dicho en
el capítulo anterior, se pensó mucho en cómo evitar las fricciones para obtener mejores resultados. Stephen y Mostafa
recurrieron a lo que llamaron «riesgo inverso», determi-
nando quiénes debían responder a las preguntas para resolver el problema, y luego saliendo a buscar a esas personas.
Esta diversidad de pensamiento condujo a menos errores y
a unos resultados mucho mejores, ya que todo el mundo
contemplaba los problemas y las soluciones desde ángulos
distintos.

Algunos de los líderes que trajeron eran conocidos
como «superexpertos», presidentes muy respetados de
los diferentes comités de GETE que fomentaron un espíritu de comunidad y nunca se centraron en ganar prota-
gonismo, sino en hacer el trabajo. «Muchos de ellos eran
cadenas de extensión», compartieron Penelope y Nancy,
«líderes conectores que defendían, facilitaban y fomenta-
ban la acción de las redes sectoriales y creaban redes de
conexión que conectaban la innovación sectorial con las
decisiones políticas».

Los científicos, diplomáticos y empresarios eran una
mezcla poco común y valiente de personas que normalmente no trabajaban juntas. También forjaron asociaciones
aparentemente incompatibles entre sectores con los medios de comunicación, el público y las ONG para impulsar
el objetivo. Esto ayudó a acelerar el proceso de colaboración, ya que las personas y organizaciones presionaron a
sus gobiernos e industrias para que actuaran. Las ONG y

los medios de comunicación ayudaron a que las empresas actuaran a través de la presión pública, como cuando Greenpeace colgó una enorme pancarta con el lema «Nº 1 en destrucción del ozono» en la torre de agua de DuPont. También lo hicieron a través de la celebración pública, como cuando Stephen consiguió que la Agencia de Protección Ambiental de Estados Unidos publicara anuncios en los periódicos reconociendo a las empresas que hacían lo correcto.

También hubo asociaciones aparentemente incompatibles entre generaciones. En el acto celebrado en Londres en junio de 1990, las negociaciones no iban bien en un momento dado: había un punto muerto y se les estaba acabando el tiempo. Un grupo de jóvenes líderes australianos, organizados por la Australian Conservation Foundation, presentó una elocuente declaración de frustración para ayudar a acelerar el proceso. Dijeron que habían estado observando las negociaciones, a veces con fascinación y otras con horror, temerosos de que la inacción de los negociadores fuera a condenarlos a un futuro devastador lleno de cáncer de piel, cataratas y recursos naturales agotados. «Ahora mismo tenemos miedo», suplicaron. «No dejen a nuestra generación sin esperanza. Nuestro destino está en sus manos. Están haciendo historia. Tengan el valor de salvar la capa de ozono».

Su petición cruzó la división generacional y ayudó a salir del punto muerto.

Estructura relacional

Mostafa y Stephen no querían ser un centro de mando y control. Sabían que el éxito residía en el liderazgo distribuido entre miles de personas de todo el mundo. Diseñar la estructura para fomentar y apoyar este nivel de liderazgo distribuido a través de las redes requiere una reflexión importante desde el principio. La estructura relacional proporciona el marco para animar a las personas a establecer relaciones sólidas, a asumir funciones de liderazgo y a minimizar los conflictos revolucionarios.

Para Mostafa y Stephen, la protección de la capa de ozono no era simplemente una tarea que realizar, sino un propósito de vida, entretejido junto con sus propios seres. Construyeron relaciones, en lugar de limitarse a realizar una transacción. Construyeron estructuras de incentivos que despejaron la pista para la tracción y dieron a todos la mejor oportunidad posible de éxito. Por ejemplo, trabajaron con los gobiernos para establecer fechas concretas de eliminación gradual de los CFC, lo que dio a las empresas la claridad que necesitaban para establecer objetivos para crear alternativas a los productos en aerosol. También utilizaron las restricciones comerciales para animar a los países a formar parte del Protocolo de Montreal. Ambos enfoques tuvieron un gran éxito.

El Protocolo de Montreal se creó sabiamente con una estructura relacional flexible y distribuida que permitía una reevaluación periódica y objetivos localizados y relevantes. Esa estructura también puede crear una empresa de éxito. Natura, una empresa brasileña de cosméticos, se basa en sus relaciones con más de seis millones de consultoras en un centenar de países, así como en una cuidadosa asociación con la madre naturaleza. Desde 1969, los tres cofundadores, Luiz Seabra, Pedro Passos y Guilherme Leal, se han asociado para convertir Natura en una empresa mundial de 11.000 millones de dólares.

El grupo de consultores distribuido de Natura no solo está incentivado por el potencial de beneficios. También se les recompensa por fomentar el consumo sostenible y se les reconoce como socios clave en el éxito de la empresa. Su estructura relacional incluye políticas orientadas a la transparencia y la cocreación. Como resultado de todo esto, cada año los consultores generan cientos de nuevas ideas de productos ecológicos.

La amplia red de Natura incluye asociaciones con más de treinta comunidades indígenas del Amazonas que apoyan a más de 4.300 pequeños agricultores que suministran los ingredientes únicos de sus productos, como las nueces brasileñas y las bayas de ucuuba. Estas comunidades independientes utilizan sus conocimientos agrícolas tradicionales, ayudando a conservar casi 1,8 millones de hectáreas de selva amazónica. Se trata de un increíble círculo moral creado por estructuras relacionales bien pensadas que hacen que los socios quieran formar parte del objetivo de Natura.

Natura fue una de las primeras compañías en cambiar el negocio para bien al establecer objetivos locales claros, permitiendo que su diversa red de socios les ayudara a convertirse en carbono neutral en 2007. «Creo que uno más uno es mucho más que dos cuando estás dispuesto a vivir con la diferencia», dijo Guilherme como respuesta a la importancia de la diversidad. «Discrepar alegremente, unir agendas y crear un compromiso en torno a ellas: ahí es cuando se produce el verdadero cambio».

El objetivo de Natura ha sido desde el principio «crear y vender productos y servicios que promuevan la relación armoniosa del individuo consigo mismo, con los demás y con la naturaleza». Su éxito se debe a su creencia de que la vida es una cadena de relaciones y que valorar las relaciones es la base de «la gran revolución humana».

He aquí doce consejos para crear la estructura relacional adecuada, para una organización, una empresa o un movimiento:

1. **Acuerda el destino, establece funciones y responsabilidades claras y deja que la gente elija su propio camino** con la menor interferencia posible.

2. Permite un espacio para **el control local y responsable**, incluyendo el establecimiento de objetivos y plazos relevantes y alcanzables.

3. Consigue **la mayor independencia posible** de cualquier tipo de influencia parcial.

4. Sé **adaptable y flexible** en todo momento: establece periodos de retroalimentación y evolución honestos.

5. **Crea incentivos positivos y estructuras de apoyo** que fomenten la colaboración e igualen el terreno de juego para que todos tengan una oportunidad justa.

6. **Comparte información de forma transparente y abierta.** Comparte historias. Construid juntos una historia compartida y una base de confianza.

7. Crea espacios informales para pequeños grupos, de modo que la gente pueda **tener oportunidades seguras para discrepar,** debatir y trabajar hacia un consenso

pragmático y rápido sin el brillo de los focos de un grupo grande.

8. Fomenta un ambiente de **cooperación, no de confrontación.** Busca formas de crear una armonía de intereses y no reafirmes a los escépticos negativos. No quemes los puentes; crea aterrizajes suaves.

9. Crea **puntos de conexión continuos:** reuniones y comités permanentes que permitan a las personas seguir colaborando y estableciendo relaciones.

10. Esfuérzate por **orquestar las reuniones** para asegurarte de que están presentes las personas adecuadas, del fomento de las relaciones, de un uso eficiente del tiempo y de la rapidez de los resultados.

11. **Haz que la gente sea visible, no anónima,** para que se sienta dueña y orgullosa de formar parte del grupo.

12. **Celebra el éxito y a las personas** cada vez que puedas: crea una gloria compartida contagiosa. Aporta audacia, igualdad y alegría en cada punto de conexión: inspira a todos a formar parte de algo más grande.

Cultura de servicio y amistad

El 26 de marzo de 1988, el *New York Times* publicó un artículo sobre lo que llevó a DuPont a dar un brusco paso atrás en el tema de los CFC. La empresa, que como mayor productor mundial de CFC tenía mucho que perder, se había negado rotundamente a reconocer públicamente que estos productos químicos pudieran ser peligrosos. Los representantes habían atacado duramente las conclusiones de Sherry y Mario. Pero todo había cambiado diez días antes, cuando surgieron nuevas e irrefutables pruebas científicas. «La política de DuPont siempre ha sido responder a la mejor información científica disponible», dijo el jefe científico de DuPont, Mack McFarland, «y esta es la mejor información científica a fecha de 15 de marzo». McFarland vio que era el momento de cambiar las cosas. Él y otro líder de DuPont, Joseph Glas, se propusieron convencer a los dirigentes de DuPont de que tenían que cambiar de rumbo inmediatamente.

No fue un proceso fácil. Sin embargo, gracias a la valiente postura de Mack, la empresa tomó la decisión de empezar a eliminar los CFC. Mack llamó a Mario, ya que quería darle la noticia personalmente. Mario y Sherry estaban sorprendidos de que DuPont decidiera eliminar los CFC antes de un mandato gubernamental. Sherry dijo al *Baltimore Sun*: «Su decisión es bienvenida ahora y habría sido bienvenida en cualquier momento en los últimos catorce años». Esa noche, Joseph volvió a casa y les contó a su mujer y a sus seis hijos lo que la empresa había decidido hacer. «Dijeron: "Papá, es fantástico"», recuerda. «Sé que estaba haciendo algo importante y me sentía bien al respecto».

Mack fue el representante de DuPont en la comunidad GETE durante muchos años antes y después de ese momento crucial de 1988. Stephen contó que, cuando Mack se jubiló de DuPont, su familia del Protocolo de Montreal le organizó una fiesta en París, llena de gente de todos los sectores, incluidos muchos ecologistas. Esto habría sido totalmente inaudito, ya que la industria y los agentes del cambio no se mezclaban socialmente, excepto en la comunidad del ozono, donde las divisiones adversas se salvaban mediante profundas amistades.

A través de la vivencia y promoción de las seis virtudes en el ecosistema (el tercer grado de conexión en el capítulo cuatro) y la creación de muchos momentos magnéticos, como se ha compartido anteriormente en el libro, se alimentó una cultura única de «amigos rápidos» para todos aquellos que tuvieron la suerte de formar parte de esta comunidad especial. La rapidez de las amistades se debió a la enormidad de su «algo más grande» común, una cuidadosa selección de socios que se ganaron el respeto inmediato, la autenticidad de su compromiso con el servicio que aceleró la confianza y la estructura relacional que mantuvo a la gente conectada y avanzando juntos.

Las cooperativas de éxito deben contar con personas que trabajen al servicio de los demás y no traten de controlarlos o de imponer sus propias agendas. A mi querida amiga Andrea Brenninkmeijer le gustaba llamar a este ingrediente «trabajar para el universo en nombre de la humanidad y el planeta». Esto exige un «poder silencioso» que no está dirigido por el ego, sino que se centra en la construcción de resultados para los demás, permitiendo que los grupos prosperen.

La comunidad que trabajaba en el cierre del agujero de la capa de ozono tenía la regla de oro de que todos debían dejar sus propias agendas en la puerta; la única agenda en la sala estaba al servicio de la protección de la capa de ozono.

Nada es imposible

Utilizando estos seis principios de diseño colaborativo y apoyándose en las bases científicas establecidas por Sherry, Mario y otros, Mostafa y Stephen trabajaron con muchos otros para crear y aplicar el tratado mundial más exitoso de nuestro tiempo. Sin el Protocolo de Montreal en vigor para detener la disminución de la capa de ozono, alguien que viva en 2050 sufriría una fuerte quemadura solar en cinco minutos. La EPA calcula que solo en Estados Unidos podría haber habido 280 millones de casos adicionales de cáncer de piel y 1,5 millones de muertes por cáncer si el mundo no hubiera actuado para detener el uso de los CFC. Imagínate cuántas muertes se han evitado en todo el mundo por proteger la salud humana y la agricultura.

Pero la cosa no quedó ahí. En 2016, más de 150 países firmaron la Enmienda Kigali al Protocolo de Montreal, para reducir progresivamente el uso de hidrofluorocarbonos (HFC), una sustancia química que no afecta a la capa de ozono y un potente gas de efecto invernadero que contribuye de forma significativa al calentamiento global. Los HFC fueron una de las soluciones que sustituyeron a los CFC. En cuanto los datos científicos demostraron que contribuían al calentamiento global, la comunidad del Protocolo de Montreal se puso en marcha. Más de treinta años después de su compromiso inicial con el Protocolo de Montreal, Stephen también estuvo involucrado en Kigali. Recuerda a un grupo de personas que trabajaron veinticuatro horas seguidas durante la noche para completar la Enmienda Kigali. A la mañana siguiente, en el momento de la firma, todos seguían despiertos, con los rostros llenos de entusiasmo y éxito compartido, pero sin rastro de su noche de insomnio.

Ocho años después del acuerdo de 1987, Sherry y Mario, junto con el científico holandés Paul Crutzen, aceptaron el Premio Nobel de Química por sus descubrimientos. Y, en el vigésimo aniversario del Protocolo de Montreal, en septiembre de 2007, la mujer de Sherry, Joan, y sus hijos, Jeffrey e Ingrid, asistieron orgullosos a la ovación que Sherry y Mario recibieron de sus compañeros del mundo académico, los gobiernos y los grupos de interés público.

Cuando le pregunté a Jeffrey si su padre se daba cuenta de lo importante que era su descubrimiento, sin dudarlo sonrió y dijo: «Nunca se atribuiría ese tipo de mérito; no tenía un ego que necesitara ser alimentado».

El legado de científicos como Mario, Sherry y Paul no se limita a sus esfuerzos de colaboración para proteger el ozono. También inspiraron a una generación de científicos que siguieron sus pasos para colaborar más allá de las diferencias, no solo para publicar informes, sino también para crear soluciones conjuntamente. En el próximo capítulo conocerás a algunos de estos científicos visionarios.

Los socios del ozono también inspiraron un enfoque diferente de las negociaciones colaborativas. Casi treinta años después del Protocolo de Montreal, Christiana Figueres utilizó el mismo sentido de humildad y colaboración para trabajar con sus conexiones profundas, entre las que se encuentra Tom Rivett-Carnac, antiguo monje budista y activista, entre muchos otros, para conseguir la aprobación unánime (195 países) del Acuerdo de París, un plan ambicioso para reducir el calentamiento global. No se puede subestimar la importancia de este acuerdo para la supervivencia de la humanidad. Hoy en día, cuando su hermano y conexión profunda de toda la vida José María Figueres se presenta en un acto público, dice: «Antes me conocían como el presidente de Costa Rica. Ahora me conocen como el hermano de Christiana».

Durante los años que precedieron a las negociaciones, trabajamos estrechamente con Christiana para movilizar a los líderes empresariales a través de The B Team y a los líderes mundiales a través de The Elders. Estoy asombrada de su incansable determinación y compromiso para garantizar que los países estén a la altura de sus compromisos con el Acuerdo de París.

«Nada es imposible», me dijo Christiana. «Es una actitud. Solo una actitud. Tenemos que cambiar el tono de esta conversación. Porque no hay forma de conseguir la victoria sin optimismo».

Este espíritu colectivo de optimismo hacia algo más grande puede ser imparable, como demostró el aparentemente incompatible círculo de amigos que aplicó con éxito el Protocolo de Montreal. Ahora tenemos que hacer lo mismo con el Acuerdo de París para garantizar que los compromisos de las naciones de reducir sus emisiones de gases de efecto invernadero se cumplan a tiempo para evitar una catástrofe climática mundial.

180.000 conexiones colectivas

El medioambiente no es el único problema que requiere una colaboración a escala. Esa escala es necesaria para abordar todos los problemas interconectados a los que nos enfrentamos, desde las pandemias hasta los conflictos y la desigualdad. Afortunadamente, en todas estas áreas hay colaboraciones exitosas que iluminan el camino a seguir.

Uno de los casos que merece la pena compartir y que da vida a los principios de diseño colaborativo para abordar un problema sanitario mortal es la erradicación mundial de la viruela, una plaga que recorrió el mundo durante casi tres mil años. Solo en el siglo xx, mató al menos a 300 millones de personas, muchas de ellas niños. En la India, el último lugar donde la enfermedad mataba a millones de personas, su llegada con el fin de la estación de los monzones se consideraba tan inevitable como el propio calor.

El principio del fin de la viruela en la India se produjo una noche de 1974, cuando un joven y atrevido médico estadounidense llamó a la puerta de Russi Mody, un ejecutivo de empresa de Tatanagar, una ciudad industrial del sur de la India.

Aunque era casi medianoche, Russi se estaba sentando a cenar. Un mayordomo abrió la puerta y la cerró rápidamente, diciéndole a Larry que llamara por la mañana. Cuando el mayordomo abrió la puerta por segunda vez, Larry lo empujó hasta que el mastín tibetano de Russi apretó sus mandíbulas alrededor de la muñeca de Larry.

Larry Brilliant estaba decidido a ayudar a librar a la India de la viruela, una hazaña considerada casi imposible.

Larry apenas podía contenerse. Russi era el jefe local del Grupo Tata, en aquel momento la mayor corporación de la India, famosa por sus puertos de acero, y Tatanagar era una ciudad de la empresa. Ese año, la principal exportación de la ciudad fue una enfermedad, que se propagó desde un brote en Tatanagar al resto de la India y más allá a través del gran sistema de distribución de la empresa. La fuente del brote estaba allí mismo, en las fábricas de acero de Tata.

«¿Sabe lo que su empresa está haciéndole al mundo?», soltó. «Están exportando viruela a todos los países. No están exportando más que muerte».

Al oír esto, Russi se mostró incrédulo. Desconocía la miseria que la viruela estaba causando en la India y en otras partes del mundo. Quería conocer los hechos. Russi ofreció a Larry una cena y hablaron hasta casi el amanecer.

Entonces Russi llamó por teléfono al director general de la empresa, J. R. D. Tata, despertándolo en su casa de Bombay. La noticia del papel de Tatanagar en la propagación de la viruela también sorprendió a Tata. Junto con Larry pusieron en marcha un complejo plan para contener la enfermedad en la región y crearon una aparentemente incompatible conexión profunda que se convirtió en el centro de un grupo de conexiones mucho más amplio. Así comenzó una asociación que revertiría la asombrosa tasa de infección y muerte por viruela de Tatanagar y detendría la propagación al resto de la India. El Grupo Tata aportó 50 millones de dólares, 500 jeeps y 500 de los mejores directivos de Tata para ayudar a combatir la epidemia de viruela en la India.

Larry trabajaba para la Dra. Nicole Grasset, la viróloga y microbióloga-epidemióloga suizo-francesa que dirigía el programa de erradicación de la viruela de la OMS en la India. Larry describió a Nicole como la creadora de un equipo sin «yo». Todos eran iguales y compartían el mismo objetivo. Construyeron lo que llamaron el equipo central, de diez personas, la mitad extranjeros (incluidos Larry y Nicole) y la mitad indios. «Nosotros diez no nos ocultábamos nada», dijo Larry. «Habíamos pasado de las relaciones oficiales a una profunda amistad».

Larry se sumergió profundamente en la tarea de acabar con la viruela, y su esposa, Girija, siempre estuvo a su lado. Juntos visitaron casi todos los distritos de la India. Junto a ellos estaba Zafar Hussain, un asistente paramédico nacido en la pobreza en la India, que dedicó su vida a erradicar la viruela. «Nadie en la organización dependía de Zafar, pero parecía que todos trabajaban para él», dice Larry. Se suponía que Zafar era su asistente, pero en realidad era el tutor de Larry.

Juntos, Zafar, Larry y el resto del equipo central de diez personas llegaron a crear una cooperativa profundamente comprometida de más de 180.000 personas. Los trabajadores sanitarios de la comunidad fueron pueblo por pueblo, casa por casa, vacunando, identificando los casos de viruela y separando a los enfermos para evitar la propagación de la enfermedad. «Los trabajadores indios hicieron que el programa fuera un éxito y por eso se pudo erradicar la viruela», señaló Zafar con humildad en una entrevista de la PBS. «Todos trabajaron juntos. Fue una época en la que, desde el puesto más bajo hasta el más alto, todo el mundo estaba ocupado con el programa de erradicación... Éramos todos iguales, creo que todos hicimos que fuera un milagro».

En cuanto a su querido amigo Zafar, Larry dijo: «Arriesgó su vida muchas veces porque se dio cuenta de que la campaña para erradicar la viruela era algo en lo que podía ayudar, algo que podía hacer. Él erradicó la viruela. La gente corriente es la que se convierte en héroe».

La erradicación de la viruela reflejó el enfoque de la comunidad del ozono: un propósito embriagador, asociaciones aparentemente incompatibles, amigos comprometidos que estaban al servicio de los demás, una estructura relacional para fomentar los esfuerzos distribuidos entre miles de personas y, por supuesto, un puñado de conexiones profundas en el centro, el equipo central de diez.

Cada vez que pienso en el cierre del agujero de la capa de ozono, en el fin de la viruela o en empresas como Natura, me llena de esperanza y me hace ver que, colectivamente, podemos hacer cualquier cosa. Solo necesitamos la voluntad, la determinación, las conexiones profundas adecuadas y centrarnos en medidas de éxito significativas.

8

Interconectados

Mi humanidad está ligada a la tuya, porque solo
podemos ser humanos juntos.

—Arzobispo Desmond Tutu

Eran las siete de la mañana del 23 de enero de 2015. Mientras atravesaba torpemente las carreteras heladas del Foro Económico Mundial de Davos (Suiza), esperaba poder asistir a la presentación del libro del profesor Johan Rockström *Big World, Small Planet*.

Había conocido a Johan unos años antes en una conversación que despertaría mi interés por la historia del éxito del grupo del ozono. Es cofundador del Centro de Resiliencia de Estocolmo y un líder internacionalmente reconocido en temas relacionados con la resiliencia de la Tierra. Me intrigaba el nuevo marco planetario interconectado que él había cocreado en 2009.

Inspirados por los pioneros del ozono Sherry, Mario y Paul, Johan y los científicos Will Steffen, profesor de la Universidad Nacional de Australia, y Katherine Richardson, profesora de la Universidad de Copenhague, colaboraron con más de dos docenas de los mejores científicos del sistema Tierra para identificar los Límites Planetarios, un marco basado en nueve procesos biofísicos interconectados que regulan la estabilidad del sistema Tierra. Si se rompen estos límites, la humanidad podría enfrentarse a un daño medioambiental catastrófico e irreversible.

Esta era de la ciencia del sistema Tierra reconoce que el planeta ha entrado en una nueva época geológica, el Antropoceno (acuñado por Paul Crutzen), en la que el dominio humano sobre la naturaleza está desestabilizando y destruyendo los sistemas planetarios interconectados que nos mantienen vivos. La esperanza de los científicos es que, al comprender esta realidad antropocénica, los seres humanos asuman la responsabilidad y la oportunidad de cambiar su relación con la naturaleza para ser administradores positivos de la Tierra. «Estar a la altura del Antropoceno significa construir una cultura que crezca con la riqueza biológica de la Tierra en lugar de agotarla», escribieron Paul y el coautor Christian Schwägerl en un artículo de enero de 2011 para Yale. «Recordemos que, en esta nueva era, la naturaleza somos nosotros».

Entre los Límites Planetarios descritos en el marco se encuentra la capa de ozono, una gran historia de éxito colectivo (como se ha visto a lo largo de este libro) en la que la humanidad colaboró para detener un desastre inminente de su propia creación. Los otros ocho límites, como el uso de la tierra, la contaminación química, la biodiversidad y el cambio climático, no son historias tan brillantes de éxito colectivo, por lo menos todavía.

Con los Límites Planetarios como guía, la prueba del éxito colectivo con la capa de ozono y Sherry, Mario y Paul como modelo, está surgiendo un nuevo género de científicos del sistema Tierra que colaboran a través de disciplinas y fronteras para resolver una crisis global que determinará el futuro de muchas generaciones. En el epicentro de este movimiento global se encuentran las conexiones profundas entre Johan, Will, Katherine y una creciente comunidad de otros científicos de renombre, como Kevin Noone (a quien conociste brevemente en el capítulo cinco).

Para Johan, Will y Katherine, la confianza profunda, el rigor científico y el respeto conforman cada aspecto de su trabajo conjunto, lo que les permite ser completamente francos el uno con el otro. Al igual que la relación de Sherry y Mario, no hay competencia por el prestigio entre ellos, ni muestras de ego o celos. «Estamos completamente libres de eso», dice Johan. «Es simplemente una asociación fluida y respetuosa que lo hace muy fácil». Gracias a su estrecha colaboración, pueden ver más allá de sus propias limitaciones y comprender mejor el problema. «No me gusta trabajar solo, porque es mucho más divertido tener varias ideas y tratar de sintetizarlas», dice Will. «Así es como se generan nuevos conocimientos».

El marco de los Límites Planetarios identifica científicamente los procesos y sistemas del sistema Tierra que contribuyen a regular el funcionamiento y, básicamente, el estado de todo el sistema Tierra. Algunos de los mejores científicos del mundo han intentado cuantificar un rango científico de variables de control clave para cada proceso y sistema de los límites. Si nos mantenemos dentro de este rango de límites, permaneceremos en un «espacio operativo seguro». Si se sobrepasa el límite de seguridad, se entra primero en la zona de incertidumbre científica, donde las cosas pueden empezar a ir mal, y luego en una zona de muy alto riesgo. En la actualidad, la ciencia estima que se han traspasado cuatro de los nueve límites, dos en la zona de incertidumbre (cambio climático y cambio de uso de la tierra) y dos en la zona de alto riesgo (pérdida de biodiversidad y sobrecarga de nitrógeno y fósforo).

Cuando la disminución de la capa de ozono cruzó el umbral de la zona de peligro, una valiente cooperativa confió en la ciencia y dedicó su vida a reunir al mundo para innovar con éxito y devolvernos a un espacio operativo seguro.

Con cuatro límites ya traspasados y otros en riesgo, nuestra inacción es una amenaza directa para el futuro de las generaciones venideras. Ahora es el momento de basarnos en la comunidad del ozono y unir fuerzas en el mayor reto y oportunidad de nuestras vidas.

Este análisis y esta herramienta plantean un reto científico para que el mundo se una en todos los sectores para innovar y crear soluciones, tal y como hizo la comunidad del ozono. Es un reto que requiere ver el mundo y los Límites Planetarios como algo intrínsecamente interconectado. «La ciencia moderna tiende a tomar un sistema complejo y dividirlo y centrarse en áreas disciplinarias de conocimiento», dijo Will. «A la gente le gusta huir con su límite favorito, trabajar en él con gran profundidad y olvidar que en realidad están conectados».

El marco de los Límites Planetarios nos ayuda a comprender la interconexión no solo de los numerosos subsistemas de la Tierra, sino de toda la humanidad. «Las ciencias naturales siempre han tratado de describir objetos y cosas», dijo Katherine. «Estamos empezando a darnos cuenta de que, en muchos contextos, la vida realmente va sobre las interacciones».

De vuelta a Davos, en la presentación del libro *Big World, Small Planet*, me abrí paso a través de la nieve y llegué al acogedor restaurante suizo justo a tiempo para colarme en el fondo de la sala, donde me uní a un puñado de frikis de los sistemas como yo. Desde ese momento, he reflexionado sobre cómo conseguimos que el mundo colabore a una escala mayor de la que jamás habíamos imaginado para abordar problemas complejos e interconectados.

Un lugar donde podemos empezar es homenajeando a socios como Sherry, Mario, Paul, Mostafa, Stephen, Jonathan, Joe, Brian, Johan, Katherine y Will, y tantos otros que dedican su vida al bien común. Me parece extraño que no se hable del éxito del ozono y de los Límites Planetarios en todas las escuelas, universidades y conversaciones sobre la colaboración a escala. Quizá estemos tan programados para aplaudir a los superhéroes individuales que evitamos celebrar a los grupos de líderes que impulsan el cambio sistémico que tanto necesitamos.

Imagina en qué mundo diferente viviríamos si estos colaboradores se convirtieran en los modelos a seguir para el futuro del liderazgo.

Estoy convencida de que la única manera de abordar las complejidades de nuestros retos comunes es colaborando a escala global, como vimos en el capítulo anterior. Y la única manera de hacerlo es construyendo conexiones profundas que nos permitan avanzar juntos sin dejarnos abrumar por el miedo.

Este movimiento hacia la cooperación exigirá una revolución de las virtudes sociales.

Mientras escribo este libro, el mundo está más dividido que nunca, alimentado por una cultura de miedo y de interés personal. Hemos desgarrado gran parte del tejido cultural que mantenía a la humanidad conectada y hemos perdido el contacto con el mundo natural. En el Barómetro de Confianza de Edelman de 2017, el 53 % de los encuestados consideró que los sistemas de gobierno, empresas y medios de comunicación les estaban fallando, y de ese grupo, el 83 % temía la desaparición de los valores sociales.

En 2020, la COVID-19 ignoró nuestras fronteras artificiales, se aprovechó de nuestro individualismo egoísta y mostró al mundo lo interconectados que estamos. También puso de manifiesto lo poco preparada que está la humanidad para responder colectivamente a las crisis que se burlan de las fronteras nacionales y mundiales. Mientras el virus se extendía por todo el mundo, me acordé de la petición de un joven egipcio que se levantó valientemente en una reunión de líderes intergeneracionales que acogíamos en El Cairo en 2012: «¿Cuándo se darán cuenta los políticos de todo el mundo de que las únicas fronteras que quedan están en los mapas antiguos?».

Espero que pronto.

Esta pandemia mundial sacó lo peor y lo mejor de la humanidad. La gente, las empresas y los países acapararon y se aprovecharon de los suministros médicos que salvaban vidas, se produjeron peleas por los alimentos congelados y la gente puso en peligro la vida de otros con sus acciones egoístas. Los trabajadores de la salud se sacrificaron por sus comunidades, empresas competidoras colaboraron en las vacunas y los ciudadanos se unieron para apoyar a los más vulnerables de sus comunidades. Observé con asombro cómo un grupo de líderes africanos, encabezados por el presidente Cyril Ramaphosa e incluyendo a otros como Strive Masiyiwa, el Dr. John Nkengasong,

Donald Kaberuka, Trevor Manuel y Ngozi Okonjo-Iweala, movilizaron la financiación para África, consiguieron vacunas y crearon una plataforma de suministros médicos para luchar contra la pandemia. Una sabia respuesta a nivel continental para garantizar que ningún país ni ningún individuo se quedara atrás. Que su foco de atención fuera el interés común avergonzó a muchos otros líderes mundiales.

Incluso cuando todos parecían darse cuenta de que lo único que echaban de menos era la conexión humana, muchos líderes de todo el mundo utilizaron la pandemia como un momento para promover agendas nacionales y personales divididas.

Parte del problema es que la tecnología a menudo nos separa en lugar de conectarnos. Una encuesta de NBC News de mayo de 2021 mostró que casi dos tercios de los estadounidenses creen que las plataformas de los medios sociales nos separan en lugar de unirnos. Me acordé de esto una mañana en la ciudad de Nueva York cuando pasé por el patio de un colegio. Mi corazón se llenó de recuerdos: un juego desenfrenado, muchos amigos, un mar de piernas y brazos larguiruchos, todos tratando de darle a la misma pelota en medio de un coro cada vez mayor de gritos de alegría... Sin embargo, la realidad que tenía delante era muy diferente. Los niños uniformados estaban sentados solos, con la espalda encorvada, apiñados sobre sus teléfonos. La calma me dejó helada. No había gritos de alegría, ni carreras, ni risas, ni juegos, ni conexión con los demás. Sé que solo fue un momento en un patio de colegio. Sin embargo, esta escena me pareció la norma hacia la que podríamos dirigirnos, el nuevo orden mundial que ha crecido a nuestro alrededor.

Como hemos visto en las historias de asociación de este libro, podemos elegir un futuro en el que superemos la obsesión por el beneficio individual, alejándonos de la dominación y acercándonos a una mentalidad de asociación, en la que la tecnología podría convertirse en una herramienta para ayudar a una conexión significativa y para crear soluciones a escala. Podríamos incentivar a las personas y a las organizaciones a colaborar en beneficio de la humanidad y del planeta. O podríamos tomar el otro camino y volver a caer en nuestras retorcidas medidas de éxito vinculadas a los beneficios, el poder, las «amistades» por Internet que no significan nada y los logros individuales.

Para elegir el camino correcto tenemos que estar atentos para cambiar la medida del éxito de la sociedad, pasando de la fama y el dinero a las relaciones significativas que hemos cultivado y cómo podemos utilizar nuestro tiempo sabiamente para mejorar la vida de otras personas. Richard Reed, cofundador de Innocent Drinks, explicó su medida de una vida bien vivida: «La felicidad y el éxito tienen que ver con la colaboración, tus relaciones, cuánto inviertes en ellas, cuánto tiempo pasas con las personas que más te nutren y cuánto ayudas a esas personas».

Para crear nuevas medidas de éxito, debemos empezar por preguntarnos constantemente: «¿Quién falta en la conversación?». La creciente brecha en materia de igualdad y las divisiones perpetuadas por la capacidad de la tecnología para silenciar la distribución de la información nos han separado de las conexiones profundas que podrían ayudarnos a cambiar el mundo. Antes de realizar algunas de las entrevistas de este libro, dudaba, pensando que mis puntos de vista podrían ser tan diferentes que no podría disfrutar del debate y aprender algo nuevo. Me equivoqué. Me hizo darme cuenta de lo encerrada que estaba en mi pensamiento y de lo importante que es encontrar conexiones profundas que sean radicalmente diferentes y que me descoloquen.

Podemos cambiar el mundo de un marco de competencia a uno de cooperación. Cuando las personas no tienen que ser perfectas, se abre la puerta a la asociación complementaria. «Como seres humanos, desperdiciamos muchos ciclos en ser competitivos en vez de actuar en colaboración», dijo Keith Yamashita. «Quién es mejor, quién tiene la razón, quién tiene la última palabra, quién tiene el poder... Si pudiéramos aprovechar toda esa energía desperdiciada y aplicarla a lo que yo podría aportar, a lo que tú podrías aportar, entonces juntos podríamos hacer algo extraordinario».

Reimaginar el mundo puede empezar por alimentar las conexiones profundas de significado y amor en nuestras vidas, y utilizarlas como epicentro de colaboraciones a una escala que aún no podemos comprender. Podemos dejar atrás la carga que hemos acumulado a través del individualismo interesado: cosas materiales, nociones erróneas de fama y la ausencia de justicia en nuestras comunidades. Podemos construir ecosistemas fuertes de confianza, respeto y creencia en los demás que sirvan de ejemplo para una revolución positiva del amor.

La sabiduría de las asociaciones que han compartido generosamente sus historias en este libro es una brillante luz de esperanza. Han demostrado que los seis grados de conexión pueden conducir a relaciones significativas para mejorar la vida, los negocios y el mundo. También nos han mostrado cómo utilizar estas conexiones profundas como base para colaboraciones a gran escala.

Ya sabemos que podemos hacerlo. Hemos cerrado el agujero de la capa de ozono, hemos detenido la viruela, hemos construido negocios exitosos sobre la base de la confianza y la comunidad y hemos aprendido a volar con la energía solar. Hemos sentido la bondad y la compasión de las relaciones significativas.

El tiempo que he pasado con estas grandes asociaciones durante la última década ha sido uno de los más gratificantes de mi vida. Cada una de sus entrevistas rebosaba curiosidad, alegría y amor. Era contagioso, pero en el buen sentido.

Uno de los momentos que apreciaré para siempre es haber pasado dos días con Anthony Ray Hinton y Lester Bailey (a quienes conociste en el capítulo cuatro) en sus casas de Quinton (Alabama). Mi querida amiga Shannon Sedgwick Davis se unió a nosotros para la entrevista, después compartimos una encantadora comida y luego caminamos unos diez metros hasta la pequeñísima iglesia que se encuentra entre las casas de Ray y Lester. Al entrar en la iglesia, casi podíamos sentir las paredes reverberando con las canciones del servicio de esa semana.

Mientras bajábamos la desvencijada escalera de esta entrañable iglesia hacia el apacible camino de tierra entre los imponentes pinos, Ray dijo suavemente: «Mi deseo para todos es tener un amigo como Lester».

No hay nada más importante que las relaciones que te hacen ser quien eres en este mundo.

¿A quién y a qué vas a darle tu amor para que crezca?

Agradecimientos

*Un hilo rojo invisible conecta a aquellos que están
destinados a encontrarse, sin importar tiempo,
lugar o circunstancias. El hilo se puede estirar
o contraer, pero nunca romper.*

—Proverbio chino

Escribir este libro y crear la organización sin ánimo de
lucro a la que apoya, Plus Wonder, ha sido una experiencia
humilde y maravillosa. Un ejemplo perfecto del poder de
la asociación y del esfuerzo colectivo de tantas personas
brillantes. De ninguna manera podría haber hecho esto yo
sola. Este esfuerzo colectivo de quince años ha alimentado
muchas amistades que han dado forma a este libro y a mí
en el proceso. Me ha hecho estar aún más segura de que
no hay nada más importante que invertir en las relaciones
que dan forma a lo que somos en este mundo, y a su vez
dan forma al cambio individual y colectivo que podemos
hacer en el mundo.

Nunca podré expresar mi abrumadora gratitud a tantos
de vosotros en un par de páginas, pero aquí va un intento de
iniciar el proceso...

A las más de sesenta asociaciones y cooperativas (ver la página 271) que compartieron generosamente su sabiduría y sus experiencias personales: nada de esto existiría sin vosotros. Cada entrevista fue como una clase magistral sobre cómo ser un gran socio y un buen ser humano. Llena de risas, amor, lágrimas y un renovado sentido de maravilla en el mundo. Gracias por dar tanto de vosotros. Todos estamos en deuda con vosotros. Una nota extra de agradecimiento a The Elders. Me siento muy privilegiada por haber aprendido de vuestras relaciones durante los últimos diecisiete años. Vuestras conexiones profundas dieron lugar a la idea de Plus Wonder y cambiaron el curso de mi vida.

Al núcleo del Plus Wonder Collective: Andrea Brenninkmeijer, Joann (Jo) McPike, Ellie Kanner, Kelly Hallman, John Stares, Shannon Sedgwick Davis, Cindy Mercer, Todd Holcomb, Keith Yamashita, Mich Ahern y Lisa Weeks Valiant. Este libro y Plus Wonder están aquí gracias a vosotros. Gracias por permanecer juntos durante todos los altibajos, por vuestro apoyo incondicional, vuestras risas, vuestra sabiduría y vuestra creencia en que las asociaciones y las colaboraciones cambiarán el mundo. Me siento afortunada por estar en este emocionante viaje con vosotros y no puedo esperar a compartir esta sabiduría lo más ampliamente posible.

Gracias a Adrian Zackheim y Simon Sinek por arriesgarse con este libro cuando muchos otros pensaban que era una idea descabellada. Su sabiduría, confianza y dirección reflexiva han hecho que este libro y este movimiento sean mucho, mucho mejor. Gracias por dedicar vuestro tiempo a dar forma a una idea mucho más grande que, con suerte, provocará muchas conexiones profundas y colaboraciones significativas en el mundo. Gracias a todo el equipo de Optimism Press y Portfolio, especialmente a Merry Sun, cuya paciencia y tranquila inteligencia han guiado este libro en cada paso del camino. Te agradezco mucho que hayas atravesado muchos obstáculos conmigo para crear la claridad necesaria para hacer justicia a la sabiduría de las más de sesenta asociaciones. Gracias a Megan McCormack, DeQuan Foster, Mary Kate Skehan, Jessica Regione, Brian Lemus y Mike Brown por vuestro entusiasmo y trabajo duro. ¡Sois un equipo brillante!

Este libro está repleto de ideas, trabajo duro, amor y opiniones críticas de muchas personas. Quiero agradecer en especial a Laurie Flynn por su entusiasmo, su corazón reconfortante y su ayuda para dar forma a un hilo conductor de este libro, la historia del ozono y otras historias de colaboración. Laurie y la maravillosa Lisa Weeks Valiant lo dieron todo en este libro y siempre les agradeceré su duro trabajo en muchas noches largas, fines de semana y prisas de última hora. También quiero agradecer en especial a Sara Grace: su capacidad para dar un paso atrás, ver el panorama general, ir derecha al grano, hacer las preguntas correctas y ajustar los argumentos es insuperable. Laurie, Sara y Lisa, vuestra energía positiva y vuestra colaboración han hecho que la creación de este libro sea un placer. A David Moldawer, por su paciencia, sus conocimientos de redacción y sus valiosos retos para garantizar que este libro fuera lo mejor posible. Fuiste una fuerza fundamental para que este libro pasara de ser un manojo de ideas a uno mucho más interesante.

Andrea, Greg y Eric Alan, nuestros debates en la mesa de la cocina dieron vida a la idea y la basaron en la conexión profunda. Os estaré siempre agradecida a todos por el tiempo, el amor y la perspicacia que habéis aportado a esto, incluida la lluvia de ideas junto a vuestra nevera en la que nació la frase «Los seis grados de conexión».

A Ajaz Ahmed y Johnny Budden, de AKQA, por su generosidad, su brillante capacidad creativa y su colaboración abierta con el maravilloso equipo de diseño de Portfolio, que ha creado una portada elegante, convincente y preciosa. Gracias también a Ajaz por los muchos años de amistad. A Martin Hill y Philippa Jones por sus impresionantes esculturas ambientales, que añadieron la magia de la madre naturaleza al libro. A Milos Perovic, Ian Brewer, Jo y todo el equipo de NoFormat, muchas gracias por ayudarnos a dar vida a los seis grados de conexión y a Plus Wonder en el libro y en Internet. Y al maravilloso y comprometido equipo de educación, Breanna Morsadi, Ashley Silver, Nicholas Martino y Jo: vuestra sabiduría, vuestras ideas y vuestra pasión ayudaron a ver esta sabiduría desde la perspectiva de los estudiantes y los profesores. ¡Qué ganas de hacer realidad nuestro sueño de tener la sabiduría de estas asociaciones y cooperativas en todas las escuelas! Un gran agradecimiento a Mel Agace por todo su duro trabajo y su brillantez creativa en la producción de los vídeos iniciales y a Steven Sawalich y David Alexander por tomar el relevo y producir cientos de preciosos vídeos. Y, por supuesto, a Ellie Kanner, que ha dedicado tanto amor y tiempo personal a dar forma a cientos de horas de imágenes para convertirlas en historias cautivadoras. Y a Les Copland, cuya experiencia en el diseño ha transformado muchas ideas complejas en algo sencillo y cautivador.

Gracias a Richard Branson por una maravillosa colaboración durante los últimos más de veinte años. Tu compromiso con el impacto positivo y tu enfoque coherente para colaborar me han dado la oportunidad de escuchar y aprender de algunos de los mejores colaboradores del mundo. Siempre te agradeceré que hayas creído en mí y que creas que todo es posible. Ha sido un enorme privilegio trabajar contigo y con nuestros socios para crear tantas cooperativas significativas. Gracias al resto de la familia Branson, Joan, Holly y Sam, por vuestro amor y apoyo durante estos años. Y, por supuesto, a las maravillosas Vanessa Branson y Flo Devereux, ¡qué aventura ha sido!

Quiero agradecer a Peter Gabriel, que es un ejemplo de cooperación. Gracias por crear el nombre Plus Wonder (en una tarde) y por creer en el poder de las asociaciones para cambiar el mundo. Tu firme apoyo (junto con tus peleas de agua con Richard) me hizo sonreír a lo largo de los años.

A Johan Rockström, que hizo que me obsesionara con el éxito del Protocolo de Montreal y a la comunidad que comprometió su vida para proteger la capa de ozono. Tu visión con los Límites Planetarios es uno de los esfuerzos colectivos más importantes que debemos respaldar para la supervivencia de la humanidad y del planeta.

A la familia de Virgin Unite: en este libro se recogen muchos momentos mágicos de nuestras aventuras publicitarias. Me siento muy afortunada de tener la oportunidad de trabajar con tanta gente maravillosa. Un agradecimiento especial a Sue Hale, Nicola Elliot y Helen Clarke, que han compartido muchos momentos magnéticos (y a menudo increíbles) mientras construíamos cooperativas como The Elders y The B Team.

Y, por supuesto, gracias a mi increíble marido, Chris Waddell, por su bondad duradera, por su amor incondicional y, simplemente, por estar siempre ahí. Tengo mucha suerte de tenerte como compañero de vida. Gracias también a todo el clan Waddell y Oelwang por todo su amor y paciencia con mis locas ideas y mis incesantes horas de trabajo.

Muchos de vosotros habéis formado parte de este grupo para inspirar y dar vida a *Partnering* y Plus Wonder... Siempre os estaré agradecida a todos vosotros...

Kathy Calvin, José María Figueres, George Polk, Jochen Zeitz, Joanna Rees, Sharon Johnson, Robin Bowman, Chandra Jesse, Peter Beikmanis, Nathan Rosenberg, Alexander Grashow, Anna Gowdridge, Van Jones, Anthony Ray Hinton, Lester Bailey, Pat Mitchell, Jane Tewson, Kaushik Viswanath, Chantel Hamilton, Adam Grant, Casey Gerald, Gregory David Roberts, Bill Meyers, Jane Cavolina, Steve Goodey, Kym Walton, Paul O'Sullivan, Sanjeev Gandhi, Kumi Naidoo, Angela Dower, Megan De-New Wussow, Tom Bonney, Kathleen Romley, Noemi Weiss, Charlotte Goodman, Su Lee, Bill Place, Betsy Coyle, Leonide Delgatto, Heerad Sabeti, Jim Courtney, Nane Annan, Emily Sayer, Geraldine Corbett, Jackie McQuillan, Paul Polman, Bob Collymore, Sharan Burrow, Mark Gilmour, Christine Choi, Arianna Huffington, Greg Rose, Halla Tomasdottir, Radek y Helen Sali, Phil Weiner, Roma Khanna, Jules Kortenhorst, Marty Pickett, Holly Peppe, Maria Eitel, Gina Murdock, Deneen Howell, Jennifer Aaker, Yanik Silver, Charlie Garcia, Naomi Bagdonas, Lelia Akahloun, Graça Machel, Strive y Tsitsi Masiyiwa, Alexia Hargrave, Susan Goldsmith, Morley Kamen, Amber Kelleher, la familia Price, Tobi, Ruby, Basha, Knobbe Martens, Perlman & Perlman, Julianne Holt-Lunstad, SD Squared, Wondros, Mpho Tutu... y muchos más...

Asociaciones Plus Wonder

*Dos chicos de campo que nunca tuvieron nada y,
sin embargo, éramos los más ricos de todos. Nos
teníamos el uno al otro. Teníamos el mundo entero.*

—Anthony Ray Hinton

Con gran gratitud a las asociaciones duraderas que compartieron su sabiduría a través de sus historias honestas y profundas para inspirar conexiones profundas con un propósito en el mundo.

Todos los beneficios de este libro se donarán a determinadas organizaciones benéficas y a la organización sin ánimo de lucro Plus Wonder. Únete a nuestra comunidad en www.pluswonder.org.

1. Stephen O. Andersen, Mario Molina, Sherwood Rowland y Mostafa Tolba: amigos, economistas y científicos, socios en el cierre del agujero de la capa de ozono.

2. Phil Aroneanu, Will Bates, Kelly Blynn, May Boeve, Jamie Henn, Bill McKibben, Jeremy Osborn y Jon Warnow: amigos y cofundadores de 350.org.

3. Paul Bennett y Jim Cooper: cónyuges, socios en el diseño de un mundo mejor.

4. David Blankenhorn y John Wood Jr.: amigos y socios en la despolarización de América.

5. Erika Boyd y Kirsten Ussery: cofundadoras de Detroit Vegan Soul.

6. Stewart Brand y Ryan Phelan: cónyuges, cofundadores de Revive & Restore.

7. Richard Branson y Peter Gabriel: amigos, socios en la paz y los derechos humanos.

8. Larry y Girija Brilliant: cónyuges, socios de la cooperativa que erradicó la viruela.

9. Tim y Gaynor Brown: cónyuges, socios en el diseño de una vida mejor.

10. Gro y Arne Brundtland: cónyuges, socios en la salud mundial, el desarrollo internacional y la vida.

11. Penelope Canan y Nancy Reichman: colegas, amigas, socias en la protección de la capa de ozono.

12. Jimmy y Rosalynn Carter: trigésimo noveno presidente y primera dama de los Estados Unidos de América, cofundadores del Centro Carter.

13. Ray Chambers y Peter Chernin: amigos, cofundadores de Malaria No More.

14. Robin Chase y Cameron Russell: familia, activistas por el cambio climático y la nueva economía.

15. Lawrence Chickering y Jim Turner: amigos, cofundadores de *The Transpartisan Review.*

16. Ben Cohen y Jerry Greenfield: amigos, cofundadores de Ben & Jerry's.

17. Andrea y Barry Coleman: cónyuges, cofundadores de Riders for Health.

18. Jo Confino y Paz Perlman: cónyuges, compañeros que inspiran la armonía con la Tierra y la vida.

19. Severn y Sarika Cullis-Suzuki: hermanas, activistas medioambientales, directora ejecutiva y miembro de la Fundación David Suzuki.

20. Wade Davis y Carroll Dunham: amigos, compañeros en la belleza, la sabiduría y la espiritualidad de las culturas indígenas.

21. Bill Draper, Robin Richards Donohoe, Rob Kaplan, Jim Bildner y Christy Chin: socios y agentes de cambio de la Fundación DRK.

22. Sylvia Earle y el océano: amiga, bióloga marina, exploradora residente de National Geographic y fundadora de Mission Blue.

23. Mick y Caskey Ebeling: cónyuges, cofundadores de Not Impossible Labs y Not Impossible Foundation.

24. Sangu, Edmund y Banguu Delle: hermanos, cofundadores de Golden Palm Investments.

25. Eve Ellis y Annette Niemtzow: cónyuges, socias en la empoderación de la mujer.

26. Joseph Farman, Brian G. Gardiner y Jonathan Shanklin: amigos, científicos y socios en el descubrimiento del agujero de ozono.

27. Christiana y José María Figueres: hermanos, humanistas, líderes del cambio climático.

28. Joe Gebbia, Brian Chesky y Nathan Blecharczyk: amigos, cofundadores de Airbnb.

29. Robert P. George y Cornel West: hermanos, amigos, conciudadanos, compañeros en la búsqueda de la verdad.

30. Lord Hastings de Scarisbrick OIB y Gloria Abramoff, FRSA (Real Sociedad para el Fomento de las Artes): amigos, Cámara de los Lores, medios de comunicación y compromiso social de la BBC, socios en la potenciación de mejores condiciones sociales globales.

31. Tony y Pat Hawk: hermanos, asociados para enriquecer la vida de los jóvenes a través del *skateboarding*.

32. Martin Hill y Philippa Jones: compañeros de vida, arte y naturaleza.

33. Anthony Ray Hinton y Lester Bailey: mejores amigos de por vida, defensores del fin de la pena de muerte.

34. Bert y John Jacobs: hermanos, cofundadores de Life is Good.

35. Dereck y Beverly Joubert: cónyuges, exploradores de National Geographic, fundadores de Big Cats Initiative, cofundadores de Great Plains Conservation.

36. Sarah Kay y Phil Kaye: amigos, codirectores de Project VOICE.

37. Mark Kelly y Gabby Giffords: cónyuges, defensores, funcionarios públicos.

38. Azim Khamisa y Ples Felix: amigos, socios de la Fundación Tariq Khamisa.

39. Andy Kuper y Jim Roth: amigos, fundador y cofundador de LeapFrog Investments.

40. Lindsay y David Levin: cónyuges, artífices del cambio en la educación y el liderazgo.

41. Amory y Judy Lovins: cónyuges, socios en la creación del nuevo futuro energético.

42. Andrew Maxwell Mangino y Kanya Balakrishna: compañeros de vida, cofundadores de Future Project.

43. Cindy Mercer y Addison Fischer: amigas, cofundadoras de Planet Heritage.

44. Pat Mitchell y Scott Seydel: cónyuges, innovadores de los medios de comunicación e impulsores de negocios medioambientales.

45. Jacqueline Novogratz y Chris Anderson: cónyuges, socios en emprendimiento social.

46. Ngozi Okonjo-Iweala y Uzodinma Iweala: familia, directora general de la Organización Mundial del Comercio; autor, médico y productor de cine; socios por un mundo más justo.

47. Bertrand Piccard y André Borschberg: amigos, cofundadores de Solar Impulse.

48. Alex Rappaport y Blake Harrison: amigos, cofundadores de Flocabulary.

49. Donna Red Wing y Bob Vander Plaats: amigos, activista de la justicia social y presidente y director general de Family Leader.

50. Chris Redlitz y Beverly Parenti: cónyuges, cofundadores de The Last Mile.

51. Richard Reed, Adam Balon y Jon Wright: amigos, cofundadores de Innocent Drinks y JamJar Investments.

52. Katherine Richardson, Johan Rockström y Will Steffen: amigos, científicos del sistema Tierra y cocreadores de los Límites Planetarios.

53. Robbie Schingler y Will Marshall: amigos, cofundadores de Planet.

54. Luiz Seabra, Pedros Passos y Guilherme Leal: amigos, cofundadores de Natura.

55. Kevin Starr y Henry Arnhold: amigos, cofundadores de la Fundación Mulago.

56. Jane Tewson y Charles Lane: cónyuges, socios en el trabajo por un mundo justo y equitativo.

57. Jagdish D. Thakkar, Ashish J. Thakkar, Ahuti Chug y Rona Kotecha: familia, socios de la Fundación Mara y Mara Group.

58. Ned Tozun y Sam Goldman: amigos, cofundadores de d.light.

59. Desmond y Leah Tutu: cónyuges, socios en la paz, los derechos humanos, la libertad y la vida.

60. Deborah Willis y Hank Willis Thomas: familia, artistas unidos por el amor y el arte para cambiar el mundo.

61. Sheryl WuDunn y Nicholas Kristof: cónyuges, periodistas ganadores del Premio Pulitzer, coautores de *La mitad del cielo*, *A Path Appears* y *Tightrope*.

62. Keith Yamashita y Todd Holcomb: cónyuges, socios en el uso de la creatividad como catalizador del cambio social.

63. Jacki y Greg Zehner: cónyuges, cofundadores de la Fundación Jacquelyn y Gregory Zehner.

Claves de los seis grados de conexión

Una guía para crear conexiones que importan. A partir de la sabiduría colectiva de más de sesenta de las mejores asociaciones de nuestro tiempo.

 Primer grado: Algo más grande: Eleva tu propósito a través de relaciones significativas. Profundiza tu conexión formando parte de algo más grande.

 Segundo grado: Darlo todo: Siéntete seguro en la relación y comprende que os cubrís las espaldas mutuamente al cien por cien a largo plazo. Esto te da la libertad y la confianza para hacer algo más grande.

 Tercer grado: El ecosistema: Mantén un ecosistema moral, vivo con la práctica diaria de seis virtudes esenciales: confianza duradera, respeto mutuo inquebrantable, creencia compartida, humildad compartida, promover la generosidad y empatía compasiva. Con el tiempo, estas virtudes se convierten en respuestas reflexivas, creando un entorno de amabilidad, gracia y amor incondicional.

Cuarto grado: Momentos magnéticos: Mantente conectado y fortalece tu ecosistema a través de prácticas, rituales y tradiciones intencionales que mantengan viva la curiosidad y el asombro, creen un espacio para la comunicación honesta, provoquen una alegría ilimitada y construyan una comunidad de apoyo más amplia.

Quinto grado: Celebrar las fricciones: Baja la tensión del conflicto y conviértelo en una oportunidad de aprendizaje. Enciende las chispas de la combustión creativa para encontrar soluciones compartidas y una mayor conexión, permaneciendo todo el tiempo centrado en algo más grande.

Sexto grado: Conexiones colectivas: Un marco de principios de diseño para ampliar las colaboraciones, con conexiones profundas en el centro como ejemplos a seguir, centros de impulso y tejido conectivo.

CONEXIONES COLECTIVAS

ALGO MÁS GRANDE

EL ECOSISTEMA

Confianza duradera

Empatía compasiva

Respeto mutuo

DARLO TODO

Generosidad nutritiva

Opinión compartida

Humildad compartida

Momentos magnéticos

Celebrar las fricciones

MARCO DE LOS SEIS GRADOS DE CONEXIÓN PARA CONEXIONES PROFUNDAS

Palabras de sabiduría y recursos de colaboración

El marco de los seis grados de conexión es una combinación de la sabiduría colectiva de más de sesenta asociaciones duraderas con propósito. La práctica de estas seis características constantes de las grandes asociaciones cambiará tus relaciones, tus empresas y tu vida para mejor. Y, lo que es más importante, cambiará la vida de otras personas para mejor, y puede que dé lugar a colaboraciones que cambien el mundo.

He aquí algunas palabras de sabiduría de los socios de Plus Wonder, vídeos para profundizar en el tema y lugares donde se puede obtener más información sobre los seis grados de conexión:

Primer grado: Algo más grande

Eleva tu propósito a través de relaciones significativas. Profundiza tu conexión formando parte de algo más grande.

Palabras de sabiduría

- «Teníamos un propósito final tan maravilloso que, si podíamos hacerlo realidad, íbamos a darlo todo». —RICHARD BRANSON

- «Uno más uno puede ser igual a mil, no tienes que hacerlo tú solo. Una de las cosas en las que nos pusimos de acuerdo fue en la idea de que ganar mucho dinero no nos entusiasmaba de por sí, ni tampoco la idea de simplemente crear un negocio. Era la idea de que tal vez el negocio pudiera utilizarse para algo más grande». —BERT JACOBS

- «Sentíamos que podíamos hacer esto juntos; yo tenía un conjunto de habilidades y Barry tenía otro conjunto de habilidades, pero teníamos un objetivo común, un propósito y la creencia de que realmente podíamos hacer esto». —ANDREA COLEMAN

- «Tenemos un arma secreta y no somos solo nosotros dos, sino que tenemos un objetivo común, y nuestro tercer socio en esto son la naturaleza y la conservación, así que tenemos un objetivo superior y es compartido y mutuo». —DERECK JOUBERT

- «Si se trata de un gran objetivo, está fuera de tu alcance, y eso puede ser tu camino a seguir, algo que te ayude en las aguas tumultuosas de los altibajos... y para que no pierdas el norte. Así que tener un gran objetivo que merezca toda la energía y todos los sacrificios que tienes que hacer si estás creando algo en este mundo». —ROBBIE SCHINGLER

Recursos adicionales

- Simon Sinek escribió el libro *Empieza con el porqué* (Barcelona: Empresa Activa, 2018). Ver también su charla TED, "How Great Leaders Inspire Action" (https://www.ted.com/talks/simon_sinek_how_great_leaders_inspire_action).

- Investigadores de la University College London, la Universidad de Princeton y la Universidad de Stony Brook descubrieron que las personas que tienen un sentido de propósito y significado tienden a vivir más tiempo (Andrew Steptoe, Angus Deaton y Arthur A. Stone, "Subjective Wellbeing, Health, and Ageing", *Lancet* 385, n.º 9968 [2015]: 640-648). Un estudio reciente (Daryl R. Van Tongeren et al., "Prosociality Enhances Meaning in Life", *Journal of Positive Psychology* 11, n.º 3 [2016]: 225-36) informó de que las relaciones sólidas son una característica clave para mejorar el sentido de la vida.

- Una visión general del estudio neurocientífico sobre la importancia del Purpose in Life (PIL): Adam Kaplin y Laura Anzaldi, "New movement in Neuroscience: A Purpose-Driven Life", *Cerebrum* 7 (mayo-junio de 2015): 7.

- Investiga los vínculos entre el propósito y la salud en "What's your purpose? Finding a Sense of Meaning in Life Is Linked to Health", en National Public Radio, por Mara Gordin (25 de mayo de 2019), https://www.npr.org/sections/health-shots/2019/05/25/726695968/whats-your-purpose-finding-a-sense-of-meaning-in-life-is-linked-to-health.

Segundo grado: Darlo todo

Siéntete seguro en la relación y comprende que os cubrís las espaldas al cien por cien a largo plazo. Esto te da la libertad y la confianza para hacer algo más grande.

Palabras de sabiduría

- «Sé que Scott me apoya al 100 %, que es mi mejor amigo». —PAT MITCHELL

- «Eso es lo principal, estar realmente ahí. El maestro zen Thich Nhat Hanh siempre dice que el mejor regalo que puedes hacerle a tu pareja es simplemente estar ahí. Así de simple». —PAZ PERLMAN

- «Es comprometerse con el compromiso». —JACQUELINE NOVOGRATZ

- «Velar por el bienestar a largo plazo, cuando muchos otros se centran en el beneficio a corto plazo». —ROBIN CHASE

- «En el fondo te conviertes en alguien diferente al conocer íntimamente a otra persona». —CHARLES LANE

- «Si puedes superar el miedo al paso de amar antes de ser amado, creo que eso es el comienzo de todo. Y eso vale para las amistades y para las relaciones empresariales. Y también para las personas que has conocido recientemente. ¿Te sientes bien mostrando la versión más cariñosa de ti mismo sabiendo que puede no haber vuelta atrás? Pero, cuando lo haces, siempre hay vuelta atrás». —KEITH YAMASHITA

- «Lo que más valoro es que tengo esta estrella que me guía a la que sé que puedo volver y que me dice: "esta es la realidad, esta es la verdad". Es una piedra de toque a la que puedo acudir en cualquier momento, y Lindsay me lo da cada día». —DAVID LEVIN

Recursos adicionales

- Dan Buettner, autor de *The Blue Zones* (Washington, DC: National Geographic, 2012), pasó años estudiando las comunidades más longevas del mundo para averiguar sus secretos para la longevidad, que incluyen relaciones duraderas entre todos.

- El estudio de Harvard ("Study of Adult Development", https://www.adultdevelopmentstudy.org/grantand-glueckstudy) ha seguido a 268 personas durante ochenta años de su vida. George Vaillant, director del estudio durante tres décadas, dijo: «Cuando el estudio comenzó, nadie se preocupaba por la empatía o el apego, pero la clave del envejecimiento saludable son las relaciones, las relaciones, las relaciones».

- La Dra. Brené Brown, de la Facultad de Trabajo Social de la Universidad de Houston, lleva años estudiando la vulnerabilidad, el valor, la valía y la vergüenza. Su charla TED, "The Power of Vulnerability" (Junio 2010, https://www.ted.com/talks/brene_brown_the_power_of_vulnerability), ayuda a explicar cómo aceptar la vulnerabilidad puede ayudarnos a comprometernos más.

- En 2019, la Asociación Estadounidense de Psicología publicó un metaanálisis de más de dos décadas de investigación que revela cómo las relaciones positivas impulsan autoestima, y viceversa. Este estudio longitudinal nos muestra cómo la calidad de nuestras relaciones y el tipo de retroalimentación que recibimos de nuestras conexiones profundas se vincula directamente con lo que llegamos a ser y lo que creemos que podemos lograr en este mundo. Ver Michelle A. Harris y Ulrich Orth, "The Link Between Self-Esteem and Social Relationships: A Meta-Analysis of Longitudinal Studies", *Journal of Personality and Social Psychology* 119, n°. 6 (2020): 1459-1477, https://www.apa.org/pubs/journals/releases/psp-pspp0000265.pdf.

Tercer grado: El ecosistema

Mantén un ecosistema moral vivo con la práctica diaria de seis virtudes esenciales.

Palabras de sabiduría

- «Tenemos valores compartidos, sin ninguna duda». —Barry Coleman

- «Creo que es importante en cualquier relación que tiene que trascender la conexión cognitiva e incluso emocional. Tiene que llegar a esa conexión espiritual profunda para que se mantenga, para que seas confiado, que seas respetuoso, que seas capaz de ver el conflicto como una oportunidad para poder crear amor y unidad». —Azim Khamisa

- «Los valores son extremadamente importantes y han sido, en gran parte, lo más importante... es cómo la gente construye su personalidad y cómo se comporta en el mundo». —Uzodinma Iweala

- «Cuando tu pareja habla, el mundo se detiene». —Paul Bennett

Explora el ecosistema:

Recursos adicionales

- La Fundación John Templeton alberga actualmente una serie de estudios en torno a la importancia de las virtudes en su programa Character Virtue Development (https://www.templeton.org/funding-areas/character-virtue-development).

- Dave Phillips es un mentor de liderazgo que también trabaja en virtudes para equipos y líderes (https://www.dphillips.com/)

- La Foundation for a Better Life (https://www.passiton.com/who-we-are) se centra en fomentar valores y virtudes.

- The School of Life (https://www.theschooloflife.com) es una empresa de educación para el aprendizaje emocional que explora muchas de los seis virtudes.

- Aprende más sobre los cuatro jinetes del experto en relaciones John Gottman y el papel que desempeñan en la predicción de la salud de un ecosistema de relaciones. Ver Ellie Lisitsa, "The Four Horsemen: Criticism, Contempt, Defensiveness, and Stonewalling", Instituto Gottman, 23 de abril de 2013, https://www.gottman.com/blog/the-four-horsemen-recognizing-criticism-contempt-defensiveness-and-stonewalling/

- Según Noam Wasserman, autor de *The Founder's Dilemmas* (Princeton, NJ. Princeton University Press,

2012) y *Life Is a Startup* (Stanford, CA: Stanford University Press, 2019), casi dos tercios de las empresas emergentes fracasan porque el equipo fundador o la asociación no construyen la relación estrecha y los valores que necesita para triunfar.

Palabras de sabiduría: Confianza duradera

- «La confianza. No se puede tener una relación de verdad si no hay confianza». —Jim Cooper

- «La confianza es lo más eficiente en un negocio». —Richard Reed

- «Hubo muchas veces que intentamos cosas y no tuvimos éxito, pero siempre ha existido esa confianza fundamental de que estamos alineados en torno al propósito final, y que nos da espacio como individuos para intentar cosas, crecer y fracasar… simplemente sabiendo que la otra persona siempre nos cubre la espalda». —Kanya Balakrishna

- «Creo que la confianza se desarrolla… la confianza es vital para cualquier relación. Hay cierta alegría en el compañerismo basado en la confianza. Las relaciones evolucionan si se nutren, cada una prospera con el apoyo de la otra, pero la base siempre va a ser la confianza». —Dereck Joubert

- «La confianza profunda se incrementa por pasos. Con un salto cuántico en el tiempo». —Kevin Starr

Recursos adicionales

- El Barómetro de Confianza de Edelman (https://www.edelman.com/trust/2021-trust-barometer) hace un seguimiento de la confianza mundial en una serie de instituciones en más de treinta y tres países.

- La investigadora de la confianza Rachel Botsman escribió recientemente un precioso libro, *Who Can You Trust?* (Nueva York: Portfolio, 2017), en el que articula la estrecha relación entre la confianza y el riesgo. Sus charlas sobre la confianza y la colaboración en el ámbito digital pueden encontrarse en la página web de TED (https://www.ted.com/speakers/rachel_botsman).

- Gottman redefine la confianza como una acción. Lee sobre el modelo ATTUNE del Instituto Gottman (Zach Brittle, "How to Build Trust in Your Relationship", 17 de julio de 2015, Instituto Gottman, https://www.gottman.com/blog/trust/).

- Consulta este magnífico desglose de "The Neuroscience of Trust" de la revista *Harvard Business Review*, en el que se describen las formas de crear una cultura de la confianza en una empresa (Paul J. Zak, enero-febrero 2017, https://hbr.org/2017/01/the-neuroscience of trust).

- El politólogo y escritor de la Universidad de Harvard Robert Putnam escribió el libro clásico sobre el capital social, *Bowling Alone* (Nueva York: Simon & Schuster, 2000), que documenta el dramático declive de la confianza y la comunidad en Estados Unidos durante los últimos cincuenta años.

- El Centro de Desarrollo Económico y Comunitario de Penn State compartió "The Role and Importance of Building Trust" en 2008 (https://aese.psu.edu/research/centers/cecd/engagement-toolbox/role-importance-of-building-trust).

Palabras de sabiduría: Respeto mutuo inquebrantable

- «Él aprendió a respetar lo que yo podía hacer, y yo aprendí a respetar lo que él podía hacer. Creo que esto supuso una gran diferencia, ya que yo estaba muy insegura de lo que era capaz de hacer y Jimmy creía que yo era capaz de hacer cualquier cosa». —ROSALYNN CARTER

- «Creo que, en primer lugar, es lo más simple; es decir, la escucha profunda, un profundo respeto, una flexibilidad o la voluntad de escuchar algo con lo que puedes no estar de acuerdo y probarlo por un momento, ver qué se siente, ponerse en el lugar de esa otra persona». —CARROLL DUNHAM

- «En una relación que funciona realmente bien, y en la que se tiene mucho respeto por la otra persona, se deja mucho espacio para el potencial. Así sabes en qué es buena la otra persona, pero estás dispuesto a apoyar y animar ese otro potencial». —Cameron Russell

- «Cuando tuvimos la oportunidad de deleitarnos con la humanidad de los demás, no tardamos mucho en ver que teníamos algo más profundo que el civismo o la tolerancia. Teníamos un profundo amor y respeto mutuo que no era en absoluto reducible a la política, teníamos una profunda hermandad que no se ve en absoluto amenazada por el desacuerdo en determinadas políticas públicas». —Cornel West

Recursos adicionales

- Kristie Rogers, de la Universidad de Marquette, investigadora del respeto en el lugar de trabajo, comparte sus conclusiones sobre la diferencia entre el respeto ganado y el respeto debido en su artículo "Do Your Employees Feel Respected?" (*Harvard Business Review,* julio-agosto de 2018).

- En una reciente encuesta realizada por Christine Porath, de la Universidad de Georgetown, entre casi veinte mil empleados de todo el mundo, los encuestados consideraron que el respeto es el comportamiento más importante de liderazgo. Échale un vistazo a su charla TEDx, "Why Being Respectful to Your Coworkers Is Good" (https://

www.ted.com/talks/christine_porath_why_being_res-pectful_to_your_coworkers_is_good_for_business).

- El Dr. Jim Taylor comparte su preocupación por sentir el «ataque de la falta de respeto» en su artículo en *Psychology Today*, "Parenting: Respect Starts at Home" (5 de enero, 2010, https://www.psychologytoday.com/us/blog/the-power-prime/201001/parenting-respect-starts-home).

- "The Price of Incivility", por Christine Porath y Christine Pearson (*Harvard Business Review*, enero-febrero de 2013, https://hbr.org/2013/01/the-price-of-incivility), apoya esta afirmación, descubriendo que el 80 % de los empleados tratados descortésmente pasan un tiempo de trabajo significativo reflexionando sobre el mal comportamiento, y el 48 % reduce deliberadamente su esfuerzo.

Palabras de sabiduría: Creencia compartida

- «Cada vez que empiezas algo es muy doloroso, una especie de parto de estas organizaciones. Muchas veces he dicho: "¿puedo dejarlo ahora?, ¿puedo rendirme?", y Stewart siempre ha estado ahí para decir: "no te rindas en absoluto, sabes que puedes hacerlo"». —RYAN PHELAN

- «Juntos llegamos a lugares a los que, individualmente, no tendríamos la fuerza o la perspicacia para llegar». —CASKEY EBELING

- «Hay una pieza central que creo que es más el ADN de nuestra relación, en la que se trata de ese sentido de posibilidad en el mundo». —TODD HOLCOMB

- «¿Asumiríamos tantos riesgos si no fuéramos socios? Yo diría que no. Estoy segura de que diría que no. Ni siquiera me lo habría planteado. No habría tenido el nivel de curiosidad. Y tampoco creo que hubiera tenido la confianza». —EVE ELLIS

- «Y hemos olvidado que la creencia y la metáfora son lo que siempre ha impulsado el espíritu humano. En otras palabras, la medida de una cultura no es solo lo que se hace, sino la calidad de sus aspiraciones, las metáforas que los impulsan». —WADE DAVIS

Recursos adicionales

- El libro *El código de la Cultura* (Barcelona: Conecta, 2018), del autor superventas del New York Times Daniel Coyle, muestra cómo los grupos pueden crear grandes cosas a través de culturas de cohesión y cooperación.

- Jennifer Michael Hecht, poeta, filósofa e historiadora, nos enseña cómo «nos creamos el uno al otro», destacando que «a veces, cuando no puedes ver lo importante que hay en ti, otras personas pueden». Escucha su conmovedora entrevista con Krista Tippett en el podcast *Becoming Wise* ("We Believe Each Other Into Being", On Being, última actualización el 1 de abril de 2019, https://onbeing.org/programs/we-believe-each-other-into-being-jennifer-michael-hecht/) o disfruta de su sabiduría sobre nuestra necesidad de tenernos los unos a los otros en una versión ampliada de la entrevista en el podcast *On Being with Krista Tippett* (https://onbeing.org/programs/jennifer-michael-hecht-we-believe-each-other-into-being-on-being/). A tener en cuenta: en ambas entrevistas se habla del suicidio.

- La superprofesora Rita Pierson comparte en su charla TED que «todo niño necesita alguien que lo apoye» (mayo de 2013, https://www.ted.com/talks/rita_pierson_every_kid_needs_a_champion). Consulta este convincente discurso para saber más sobre el poder de la creencia compartida en las escuelas.

- Eric Van den Steen, "On the Origin of Shared Beliefs (and Corporate Culture)", *RAND Journal of Economics* 41, n°. 4 (2010): 617-648, http://web.mit.edu/evds/www/research/pdf/VandenSteenEric_shared_beliefs.pdf.

Palabras de sabiduría: Humildad compartida

- «Creo que una de las mejores consecuencias de nuestra relación es que mi ego se ha ido de una manera muy saludable. Siento que estoy al servicio de esta relación. Siento que estoy al servicio en mi trabajo».
—PAUL BENNETT

- «Creo que una de las cosas que ofrece una visión increíblemente amplia y audaz del beneficio con propósito es que arroja una luz brillante sobre todo lo que no encaja bien con la mentalidad de asociación. Con una mentalidad de humildad. Con una mentalidad de meritocracia. Con una mentalidad orientada al cambio. La visión dice que una preocupación pequeña y probablemente egoísta no tiene lugar aquí. No es apropiado frente a la escala de esta visión». —ANDY KUPER

- «¿Cómo podemos animar a la gente a buscar fuera de sí misma apoyo y habilidades adicionales y complementarias, y a no ser tan orgullosos de pensar que se puede hacer todo? Probablemente esa sea la clave». —ALEX RAPPAPORT

- «Creo que no nos tomamos a nosotros mismos demasiado en serio, lo cual me parece importante. Nos tomamos los problemas muy en serio, pero no nos tomamos a nosotros mismos demasiado en serio. Nos hemos divertido mucho juntos a lo largo de los años y hemos tenido muchos motivos para sonreír». —RICHARD BRANSON

- «Creo que las buenas asociaciones probablemente valoran la igualdad para que no haya competencia y creo que permite ese flujo y reflujo». —BLAKE HARRISON

Recursos adicionales

- Jennifer Cole Wright et al., "The Psychological Significance of Humility", *Journal of Positive Psychology* 12, n°. 1 (2017): 3-12 (https://www.tandfonline.com/doi/abs/10.1080/17439760.2016.1167940?journalCode=rpos20).

- El Dr. Brad Owens, profesor adjunto de ética empresarial en la Universidad Brigham Young, está especializado en el papel que desempeña la humildad en nuestras vidas, concretamente en el liderazgo. Lee su artículo "The Reign of Humility Within" (BYU Wheatley Institution, 6 de marzo de 2019, https://wheatley.byu.edu/the-reign-of-humility-within/) y escucha su entrevista en el podcast *Moral Impact* (https://www.youtube.com/watch?v=-WTJwdC3Hp8).

- El Danielsen Institute de la Universidad de Boston se especializa en la investigación sobre la humildad en su deseo de comprender esta virtud dentro de la experiencia humana. Para más información consulta el artículo de *The Brink* que destaca el trabajo de la Universidad de Boston sobre los beneficios de la humildad: Rich Barlow, "Studying the Benefits of Humility", 27 de marzo de 2017 (http://www.bu.edu/articles/2017/studying-the-benefits-of-humility/).

- Humility Science (http://humilityscience.com) es el centro para los interesados en aprender más sobre la ciencia de esta virtud. Responde a su encuesta de diagnóstico para ver lo humilde que eres y aprender más sobre la humildad en su libro *Cultural Humility*

(Washington, DC: American Psychological Association, 2017).

- La Fundación Templeton ofrece excelentes recursos e investigaciones en curso sobre lo que se ha denominado recientemente humildad intelectual (https://www. templeton.org/discoveries/intellectual-humility). Ve su vídeo "The Joy of Being Wrong" (https://www. youtube.com/watch?v=mRXNUx4cua0&t=42s) y escucha su episodio en el podcast *Philosophy Talk*, "How to Humbly Disagree" (https://www.kalw.org/ arts-culture/2020-09-25/philosophy-talk-how-to-humbly-disagree).

- Encuentra más información sobre la humildad y el poder de la meditación en el libro de Matthieu Ricard *En defensa del altruismo: el poder de la bondad* (Barcelona: Ediciones Urano 2016).

Palabras de sabiduría: Promover la generosidad

- «Creo que la forma de construir una relación, o una asociación, es tener un profundo respeto por el otro. Ese respeto permite compartir y fomentar la creatividad y da paso a elogios, y todo ello sin celos, porque, cuando uno triunfa, triunfamos los dos». —BEVERLY JOUBERT

- «Mi consejo para alguien que va a construir una relación con otra persona, ya sea personal o de negocios, es que tienes que mirar por el interés de la otra persona, no por el tuyo propio». —PAT HAWK

- «Si vais a ser copartícipes y generosos, no podéis ser ególatras. No puedes estar impulsando tu posición, tu agenda, tus pensamientos... Tu propósito es mayor, por lo que tienes que ser generoso hablando sobre lo que piensas y estar realmente dispuesto a ir con los pensamientos de los demás». —LORD HASTINGS

- «La reciprocidad es la norma en la mayoría de las sociedades. A la hora de la verdad, la mayoría de las creencias rituales, sin duda en relación con el paisaje, son siempre expresiones de reciprocidad. Como la tierra me da cosas, tengo que proteger la tierra. No es tan difícil». —WADE DAVIS

- «Hemos intentado no llevar la cuenta en nuestra relación. Intentamos vivir en un lugar de gratitud con muchos agradecimientos». —JACKI ZEHNER

Recursos adicionales

- El profesor de Wharton, psicólogo organizacional y autor de *best sellers*, Adam Grant, explora el mundo de los que toman, los que igualan y los que dan. Consulta su libro *Dar y Recibir* (Barcelona: Gestión 2000, 2014), ve su charla TED "Are You a Giver or a Taker?" (https://www.youtube.com/watch?v=YyXRYgjQXX0), y haz el test de dar y recibir (https://adamgrant.net/quizzes/

give-and-take-quiz/) para ver tu estilo de reciprocidad.

- Un completo libro blanco de la Fundación John Templeton, "The Science of Generosity" (mayo de 2018,
https://ggsc.berkeley.edu/images/uploads/GGSC-JTF_
White_Paper-Generosity-FINAL.pdf), elaborado por
el Greater Good Science Center de la UC Berkeley,
aborda cuestiones relacionadas con la generosidad.

- El artículo "Giving Thanks Can Make You Happier", de
Harvard Health Publishing (22 de noviembre de 2011,
https://www.health.harvard.edu/healthbeat/giving-
thanks-can-make-you-happier), citó un estudio de parejas que descubrió que «los individuos que se tomaban
tiempo para expresar su gratitud por su pareja no solo se
sentían más positivos hacia la otra persona, sino que
también se sentían más cómodos expresando sus preocupaciones sobre su relación».

- Ve la conferencia del Dr. Robert A. Emmons "Four
Lessons I've Learned About Gratitude" (https://www.
youtube.com/watch?v=3vGk6USZsVc) y la entrevista
del Dr. Michael E. McCullough y Arthur Zajonc,
"Mind and Morality: A Dialogue", en el podcast *On
Being with Krista Tippett*.

- Un interesante estudio de 2019, "It Pays to Be Gene-
rous" (https://www.fool.com/the-ascent/research/stu-
dy-it-pays-be-generous/), realizado por Ascent (una
división de la Motley Fool), comparó a personas generosas y menos generosas.

Palabras de sabiduría: Empatía compasiva

- «Siempre hay que ponerse en el lugar de la otra persona. Si no entiendes de dónde vienen, si no aprecias sus argumentos y cómo están viendo las cosas, es muy, muy difícil establecer una relación significativa». —JOSÉ MARÍA FIGUERES

- «Eso es lo mejor de tener una buena amistad, una amistad mutua, entenderse el uno al otro. Ese es uno de los mayores regalos que existen». —LESTER BAILEY

- «Para nosotros, creo que una de las claves de nuestra supervivencia, y creo que es algo que funcionaría para otras personas, es la capacidad de usar la empatía en mayor medida. Así que, si Beverly tiene algún problema, incluso sin comunicarlo, intento en la medida de lo posible ponerme en su situación y en el momento en que estoy ahí puedo ver por qué está completamente enfadada conmigo, por ejemplo, aunque eso nunca ocurre, ¿verdad? No. Pero en el momento en que tengo empatía y puedo entender dónde está, cuáles son sus problemas o cuál es su situación, eso hace que sea mucho más fácil para nosotros lidiar con ello. Y creo que, de nuevo, es algo que cuanto más nos fijamos y nos molesta nuestra falta de tiempo hoy en día en nuestra sociedad, menos tiempo tenemos para ser empáticos con otras personas». —DERECK JOUBERT

- «Comprender es amar». —JO CONFINO

Recursos adicionales

• Consulta el nuevo libro del profesor de psicología de la Universidad de Stanford y director del Stanford Social Neuroscience Lab, Jamil Zaki, *War for Kindness: Building Empathy in a Fractured World* (Nueva York: Broadway Books, 2019). Consulta también sus Kindness Challenges (https://www.warforkindness.com/challenges) y empieza a desarrollar tus músculos de empatía.

• Justin Bariso, autor de *EQ Applied* (Alemania: Borough Hall, 2018), explica con más detalle el desglose de la empatía en su artículo "There Are Actually 3 Types of Empathy. Here's How They Differ —and How You Can Develop Them All" (*Inc.*, 19 de septiembre de 2018, https://www.inc.com/justin-bariso/there-are-actually-3-types-of-empathy-heres-how-they-differ-and-how-you-can-develop-them-all.html).

• Para una explicación sencilla y divertida de la empatía, ve este breve clip del actor Mark Ruffalo en Barrio Sésamo (https://www.youtube.com/watch?v=9_1Rt1R4xbM).

Cuarto grado: Momentos magnéticos

Mantente conectado y fortalece tu ecosistema a través de prácticas, rituales y tradiciones intencionales que mantengan viva la curiosidad y el asombro, creen un espacio para la comunicación honesta, provoquen una alegría ilimitada y construyan una comunidad de apoyo más amplia.

- «Una comunicación abierta y de confianza en todo momento y sobre todos los temas. Tuvimos un diálogo continuo sobre todos los temas bajo el sol. Incluía comentarios sobre los matices, las ventajas y desventajas de los enfoques y actuaciones de cada uno. La confianza que hemos creado lo ha hecho posible, sin herir los sentimientos del otro. Nos ayudó mucho a ambos en nuestra vida diaria, en el trabajo y en casa». —GRO BRUNDTLAND

- «No puedo terminar sus frases y espero que ella no pueda terminar las mías, al menos no la mayoría. Entonces cogemos esa curiosidad que somos capaces de mantener el uno en el otro y la apuntamos hacia el mundo». —STEWART BRAND

- «Incluso si tienes una base de confianza y una base de respeto, no puedes darla por sentada. Hay que asegurarse de alimentar la relación; para mí, el alimento de la relación es la comunicación. Siempre hay que ser abierto, transparente y comunicar». —SANGU DELLE

- «La alegría es el centro y también el único tipo de recurso ilimitado. Esto no significa que sea fácil de conseguir, pero creo que es un combustible completamente renovable». —PHIL KAYE

- «Una de las cosas que creo que nos ha unido a los dos, pero también diría que a todos los miembros de nuestra familia, es el amor a la comunidad y el amor a la construcción de la comunidad. Que todo el mundo siempre fuera bienvenido en casa de mi abuela, de mis padres, de mis primos y de mi familia». —HANK WILLIS THOMAS

- «Y el tiempo es realmente la inversión del viaje de la amistad y de una relación y estar dispuesto a seguir para conseguirlo. Tómate tu tiempo. Ten un propósito». —LORD HASTINGS

Diez ejemplos de momentos magnéticos

1. El presidente y la Sra. Carter solían reunirse en el balcón Truman de la Casa Blanca todas las tardes para informarse mutuamente sobre el día.

2. José María y Christiana Figueres tomaron café y tarta con su abuelo todos los domingos hasta que cumplió 105 años.

3. Los cofundadores de Future Project, Andrew Maxwell Mangino y Kanya Balakrishna, tienen un maravilloso ritual de afirmación al que llaman «ceremonias asombrosas», en las que destacan algo brillante de la otra

persona cada día. También celebran un fin de semana intensivo de la Cumbre de los Sueños, de cuarenta y ocho horas de duración, diseñado para crear una nueva sensación de posibilidad y para reimaginar el camino cuando se produce un problema en el camino hacia su visión.

4. Robbie Schingler y Will Marshall hacen sus propósitos de Año Nuevo junto con su equipo para aumentar su audacia y responsabilizarse mutuamente.

5. Lindsay y David Levin son los anfitriones de las cenas de los viernes por la noche (Shabat) en las que cada uno comparte su visión personal sobre algo importante para ellos en el mundo.

6. Ray Hinton y Lester Bailey tienen un maravilloso ritual de sábado. Después de ir a misa se dirigen a almorzar, con una parada en la barbería para cortarse el pelo, aunque bromean con que Lester ya no tiene pelo que cortar. No importa. Lo que les importa a ambos es simplemente estar juntos.

7. Gabby Giffords y Mark Kelly desayunan juntos. Gabby lleva cuatro años pidiendo lo mismo: huevos revueltos con albahaca, espinacas y queso cheddar y tostadas con pasas sin mantequilla con un poco de fruta.

8. Keith Yamashita y Todd Holcomb gritan: «¡Sé una estrella de rock!» antes de que cualquiera de ellos vaya a hacer algo desafiante.

9. Joe Gebbia, Nathan Blecharczyk y Brian Chesky, co-fundadores de Airbnb, se reúnen todos los domingos por la tarde, de seis a nueve, para responsabilizarse mutuamente de la semana anterior y hacer un plan para la semana siguiente.

10. La madre de Bert y John Jacobs creó un ritual de gratitud cada noche durante la cena diciendo: «Contadme algo bueno que os haya pasado hoy».

Recursos adicionales

- Consulta "The Restorative Power of Ritual", de Scott Berinato (*Harvard Business Review,* 2 de abril de 2020, https://hbr.org/2020/04/the-restorative-power-of-ritual)

- Casper ter Kuile ha publicado recientemente un libro titulado *The Power of Ritual* (Nueva York: HarperOne, 2020).

- Consulta el libro de Priya Parker, *El Arte de Reunirse* (Barcelona: Tendencias, 2022).

- Encuentra más información en *Fluir,* de Mihaly Csikszentmihalyi (Barcelona: Kairós, 2011), considerado uno de los cofundadores de la psicología positiva.

- Ingrid Fetell Lee investiga la alegría y cómo podemos encontrarla. Echa un vistazo a su charla TED, "Where Joy Hides and How to Find It" (abril de 2018, https://www.ted.com/talks/ingrid_fetell_lee_where_joy_hides_and_how_to_find_it?language=es) y a sus numerosos libros, entre ellos *Las formas de la alegría* (Barcelona: Paidós, 2019).

- Spencer Harrison, profesor del INSEAD, Erin Pinkus y Jon Cohen escribieron un artículo en la *Harvard Business Review* sobre la curiosidad en el trabajo, "Research: 83 % of Executives Say They Encourage Curiosity. Just 52 % of Employees Agree" (20 de septiembre de 2018, https://hbr.org/2018/09/research-83-of-executives-say-they-encourage-curiosity-just-52-of-employees-agree%27). Consulta también la charla TEDx de Spencer y Jon, "Curiosity Is Your Superpower" (22 de octubre de 2018, https://www.youtube.com/watch?v=xZJwMYeE9Ak).

- Échale un vistazo a la charla TED del neurocientífico Beau Lotto "How We Experience Awe –and Why It Matters" (abril de 2019, https://www.ted.com/talks/beau_lotto_and_cirque_du_soleil_how_we_experience_awe_and_why_it_matters?_language=en).

- El profesor Evan Imber-Black escribió un artículo en el que examina cómo la pandemia de 2020 cambió nuestros rituales, "Rituals in the Time of COVID-19: Imagination, Responsiveness, and the Human Spirit" (*Family Process* 59, n.º 3 [2020]: 912-21).

- Consulta también la investigación de Dan Buettner sobre las zonas azules para saber más sobre los moais, grupos de cinco amigos que se comprometen a reunirse y apoyarse mutuamente para el resto de sus vidas. Ver Aislinn Kotifani, "Moai –This Tradition Is Why Okinawan People Live Longer, Better" (https://www.bluezones.com/2018/08/moai-this-tradition-is-why-okinawan-people-live-longer-better/)

Quinto grado: Celebrar la fricción

Reduce la tensión del conflicto y conviértelo en una oportunidad de aprendizaje. Enciende las chispas de la combustión creativa para encontrar soluciones compartidas y una mayor conexión, permaneciendo todo el rato centrado en algo más grande.

Palabras de sabiduría

- «Creemos en dar un poco de espacio a la persona para que brille en su área y no en centrarse en la parte que te puede molestar. En su lugar, ¿qué tal si te centras en las otras noventa y nueve cosas que esa persona hace muy bien? Deja que esas prosperen y no te centres tanto en los puntos de tensión. Es como nos enseñó nuestra madre, ya sabes, dime algo bueno; empecemos la reunión con lo que está funcionando ahora mismo». —JOHN JACOBS

- «Nuestro propósito nos permite discrepar sin ser desagradables. Discutir con intensidad pero persuadirnos mutuamente. Y creo que son esas cosas, en mi opinión, las que mantienen la asociación unida. Ese sentido de empatía. Esa sensación de confianza. Esa sensación de que estamos haciendo algo por un propósito superior, fundamentalmente». —JIM ROTH

- «No estéis de acuerdo, pero nunca os faltéis al respeto. Los valores compartidos son el amor, el respeto y la confianza. Y la comunicación. No siempre estamos de acuerdo en todo, pero siempre estamos de acuerdo en debatir, y creo que eso es muy importante. Creo que es importante para cualquier persona, que se pueda debatir, discutir y discrepar, pero nunca faltar al respeto». —CHRIS REDLITZ

- «Afronta las cosas en cuanto lleguen, afróntalas rápidamente y pasa página, para así poder volver a disfrutar de la vida juntos». —ERIKA BOYD

- «Si te encuentras con un bache, debes saber que eso es normal y que cualquiera que haya trabajado en asociación se ha topado con un bache, que no pasa nada por ello y que te recuperarás. Creo que una técnica más concreta en la que centrarse es en ser directo y honesto sobre el problema. Encontrar a la persona con la que tenías un problema y preguntarles de qué se trata y resolverlo». —MAY BOEVE

Recursos adicionales

- *Harvard Business Review* publicó un artículo titulado "How to Mend a Work Relationship" (Brianna Barker Caza, Mara Olekalns y Timothy J. Vogus, 14 de febrero, 2020, https://hbr.org/2020/02/how-to-mend-a-work-relationship), basado en una revisión de más de trescientos estudios centrados en las relaciones en el lugar de trabajo, las transgresiones en las relaciones y la reparación de estas.

- El experto en liderazgo y autor de *best sellers* Robin Sharma analiza la importancia de celebrar las fricciones en tres breves y perspicaces artículos: "Celebrate Conflict" (https://www.robinsharma.com/article/celebrate-conflict), "The Four Riders of Conflict" (https://www.robinsharma.com/article/the-four-riders-of-conflict) y "Pick Fights Fast" (https://www.robinsharma.com/article/pick-fights-fast)

- El artículo en *Edutopia* "What Brain Science Teaches Us About Conflict Resolution" (Sarah Gonser, 5 de febrero, 2020, https://www.edutopia.org/article/what-brain-science-teaches-us-about-conflict-resolution) nos ofrece la visión de una educadora sobre las desafiantes emociones que acompañan a los desacuerdos entre nuestros jóvenes.

- Sheila Heen es profesora de negociación en la Facultad de Derecho de Harvard y coautora de dos libros de gran éxito, *Conversaciones difíciles: Cómo dialogar sobre lo que realmente importa* (Barcelona: Grijalbo,

1999) *y Thanks for the Feedback: The Science and Art of Receiving Feedback Well* (Nueva York: Viking Press, 2014). Consulta su curso por internet sobre conversaciones difíciles (Acumen Academy, https://www.acumenacademy.org/course/sheila-heen-on-difficult-conversations).

- El Dr. Bob Sutton, autor de *best sellers*, profesor de ciencias de la gestión e ingeniería y profesor de comportamiento organizativo, es un experto en el ámbito de la fricción en las organizaciones. Su último libro, *The Asshole Survival Guide: How to Deal with People Who Treat You Like Dirt* (Nueva York: Houghton Mifflin Harcourt, 2017), y su proyecto más reciente con Huggy Rao, el Friction Project (https:// www.bob-sutton.net/friction-project), hablan de «las causas y los remedios para la fricción destructiva en la organización, y cuándo es prudente hacer que las cosas sean más difíciles».

- Rebecca Zucker, de Next Step Partners, revisa el modelo SHARED de feedback en su blog de liderazgo, en "Getting Under Your Skin: How to Respond?" (27 de junio de 2016, https://nextsteppartners.com/respond-vs-react/). Describe cómo el autoconocimiento es el superpoder de un líder, especialmente cuando gestiona conflictos. Continúa en su blog con "How Not To Be Defensive" (14 de octubre de 2019, https://nextsteppartners.com/how-to-not-be-defensive/).

Sexto grado: Conexiones colectivas

Un marco de principios de diseño para ampliar las colaboraciones, con conexiones profundas en el centro como ejemplos a seguir, centros de impulso y tejido conectivo.

Palabras de sabiduría

- «Primero debemos hacer las paces con la naturaleza. No tenemos ninguna oportunidad de hacer las paces entre la humanidad, nuestros semejantes... si no cuidamos los sistemas del mundo natural. Es la base de todo». —SYLVIA EARLE

- «Creo que, en su nivel más profundo, se trata de un propósito compartido y de lo que originalmente nos unió, que es formar parte de un movimiento para afrontar el cambio climático». —MAY BOEVE

- «Nosotros diez y nuestras familias, nuestras esposas y nuestras familias extensas, formamos una sociedad en la que nos respetamos profundamente, no ocultamos nada... era la prioridad de lo que llamamos comité central o equipo central, centrado en acabar con la viruela en la India. Fue mágico, y lo sigue siendo». —LARRY BRILLIANT

- «No había nadie en la comunidad del ozono preocupado por perder su propia identidad personal porque eran personas fuertes. Estas relaciones en la comunidad del ozono tienen éxito porque combinan personalidades fuertes con la voluntad de colaborar». —Nancy Reichman

- «Creo que el papel de compartir historias siempre ha sido importante y parte del valor de trabajar en un sistema, porque así es que estás conectado con mucha más gente. El ingrediente secreto es una actividad de alto nivel realizada conjuntamente. Y creo que eso es, más que nada, la razón por la que hemos confiado los unos en los otros y hemos sido capaces de construir una comunidad de personal y voluntarios que incluye más de 160 empleados y cientos de miles de personas activas en todo el mundo». —May Boeve

- «Lo que se aplicaría, y cómo, se ha basado en un círculo de amigos, un círculo de amigos cada vez mayor, que ha trabajado incansablemente en condiciones de confianza personal». —Mostafa Tolba

Recursos adicionales

- David Price, autor de *The Power of Us: How We Connect, Act and Innovate Together* (Londres: Thread Books, 2020), comparte su sabiduría sobre cómo aprovechar el poder de la colaboración y el pensamiento diverso.

- A Robert Greenleaf se le atribuye la fundación del poderoso movimiento llamado Liderazgo de servicio. Su organización, Center for Servant Leadership (https://www.greenleaf.org), nos recuerda que el verdadero liderazgo debe comenzar con la intención de servir a los demás.

- Lee el libro de Larry Brilliant, *Sometimes Brilliant* (Nueva York: HarperOne, 2016), para saber más sobre el grupo que acabó con la viruela en la India.

- Nancy Reichman y Penelope Canan, autoras del libro *Ozone Connections: Expert Networks in Global Environmental Governance* (Nueva York: Routledge, 2017), argumentan que «tenemos que entender cómo la implementación de complejos acuerdos medioambientales globales depende de la construcción y el aprovechamiento de las conexiones sociales entre los expertos que actúan colectivamente para definir soluciones a los problemas medioambientales».

- Otros tres grandes libros sobre la protección de la capa de ozono son *Ozone Diplomacy,* de Richard Benedick (Cambridge, MA: Harvard University Press, 1991), *Protecting the Ozone Layer* de Stephen O. Andersen y K. Madhava Sarma (Nueva York: Routledge, 2002), y *Ozone Crisis* de Sharon L. Roan (Nueva York: Wiley Science Editions, 1989).

- Ve el documental de PBS *Ozone Hole: How We Saved the Planet* (2019, https://www.pbs.org/show/ozone-hole-how-we-saved-planet/).

- Lee los siguientes libros con autoría o coautoría de Johan Rockström: *Breaking Boundaries: The Science of our Planet* (Nueva York: DK, 2021); *Big World, Small Planet* (New Haven, CT: Yale University Press, 2015); *The Human Quest: Prospering Within Planetary Boundaries* (Estocolmo: Langenskiölds, 2012); y *Bankrupting Nature: Denying Our Planetary Boundaries* (Nueva York: Routledge, 2012).

- Ve el documental de Netflix *Los límites de nuestro planeta: Una mirada científica* (dirigido por Jon Clay, 2021).

- En *Juntos: El poder de la conexión humana* (Barcelona: Crítica, 2021), el director general de la Salud Pública de Estados Unidos, Vivek Murthy, escribe sobre nuestro deseo innato de conectar y el valor de la comunidad.

- El libro de Marissa King *Social Chemistry: Decoding the Patterns of Human Connection* (Nueva York: Dutton, 2021) puede ayudarte a construir relaciones más significativas e impactantes.

- El libro de David Bradford y Carole Robin *Connect: Building Exceptional Relationships with Family, Friends, and Colleagues* (Nueva York: Currency, 2021) se basa en el curso emblemático sobre relaciones en la Stanford Graduate School of Business.